Wie Künstler mit Social Network bekannt werden

Im Internet richtig kommunizieren mit Facebook, YouTube, Twitter & Co

D1668526

Sag's mir und ich werde es vergessen.
Zeig's mir und ich werde mich vielleicht daran erinnern.
Beziehe mich mit ein und ich werde es begreifen.

Chinesisches Sprichwort

Im Social Web entwickelt die Kommunikation eine rasante Dynamik und neuartige Struktur: Mittels Blogs, Twitter und Social Communities vernetzten sich Menschen zunehmend digital und interagieren unabhängig von räumlicher und zeitlicher Präsenz. Schon längst nicht mehr allein für private Zwecke bestimmt, werden im Social Web zu allen denkbaren Bereichen, Themen, Produkten oder Marken soziale Netzwerke gebildet und Kontakte hergestellt. Mitmachen heißt die Devise, die sich durch mediale Interaktion und Partizipation auszeichnet. Herkömmliche Kommunikationsstrukturen der klassischen PR- und Öffentlichkeitsarbeit werden verstärkt durch Social Media ergänzt und um viele kommunikative Möglichkeiten erweitert. Für Künstler ergeben sich hier große Chancen, mit geringem finanziellen Aufwand und maßvollem Zeiteinsatz sich und ihre Werke bekannt zu machen. Gerade der visuelle Charakter des Internets erscheint für die Bildende Kunst geradezu wie geschaffen. Zahlreiche mediale Anwendungen stehen für eine professionelle Präsentation zur Verfügung und die multiplen Verknüpfungen der einzelnen Anwendungen machen das Social Web einzigartig: Mit nur wenigen Mausklicks und den richtigen Verknüpfungen lassen sich Botschaften und Informationen an ein riesiges Publikum streuen, die wiederum zu Multiplikatoren werden können. Wie das erfolgreich gelingen kann, will das vorliegende Handbuch anhand anschaulicher Erläuterungen und praktischer Handlungsempfehlungen aufzeigen. Mit vielen Tipps und weiterführenden Links wird dabei ein praxisnaher Weg durch das Thema gewiesen und der Start leicht gemacht.

An dieser Stelle möchten wir den zahlreichen Gesprächs- und Interviewpartnern danken, die ihre Social Media-Erfahrungen und ihre bisherigen Ergebnisse mit uns teilten. So freuen wir uns, unseren Lesern mit diesem vorliegenden Handbuch, so wie mit unseren anderen Publikationen, einen hilfreichen und nützlichen Ratgeber an die Hand geben zu können.

Ingo Maas
Herausgeber

1. Anwendungen und Nutzungs-möglichkeiten von Social Media

1. Anwendungen und Nutzungsmöglichkeiten von Social Media

Social Networks, Microblogging, Weblogs, Video-Sharing, Wikis; das Angebot an Anwendungen im Social Web ist zahlreich und die Nutzungsmöglichkeiten vielfältig. Täglich kommen hunderte neue Applikationen (Apps) für das mobile Internet und Telefonie sowie weitere Tools hinzu. Bei dieser Vielzahl könnte man leicht den Überblick verlieren, doch lassen sich die wichtigsten Anwendungen grob in sechs Bereiche aufteilen. Dabei sind sie nicht als geschlossene, von einander abgegrenzte Bereiche zu verstehen, sondern vielmehr als Teile eines Ganzen, die beliebig untereinander gemixt und ergänzt werden können.

Web 2.0: Interaktivität und Partizipation

Immer mehr Kulturschaffende, Künstler und Kultureinrichtungen entdecken die vielfältigen Anwendungsmöglichkeiten von Social Media. Auch wenn diese Entwicklung in Deutschland noch langsam vonstattengeht und im Gegensatz zu Amerika noch in den Kinderschuhen steckt, werden das Interesse am Social Web immer größer und das Potenzial erkannt. Hier finden sich neue Kontakte an der Schnittstelle zwischen Kunst, Kultur, Internet und Wirtschaft.

Schon längst hat sich das Internet vom reinen Informationsmedium hin zu einem Austauschmedium entwickelt. Der oftmals verwendete Begriff „Web 2.0" steht für eine neue Internetnutzung – weg von der Einbahnstraße hin zum mehrspurigen Highway, auf dem in großer Geschwindigkeit zwei Richtungen befahren werden können. Jeder Internetnutzer ist nicht länger mehr nur „Empfänger" von Informationen, sondern wird selbst zum „Sender" und nimmt aktiv durch eigene Beiträge teil oder mischt interaktiv durch das Kommentieren anderer Beiträge mit. Es geht nicht mehr um die reine Informationsbeschaffung seitens der Nutzer, sondern um Interaktivität und Partizipation sowie um unmittelbare Kontaktaufnahme und Austausch. Soziale Netzwerke und Communities, Blogs, Twitter, Podcasts und Wikis sind „Web 2.0"-Anwendungen, die mit ihren spezifischen Angeboten eine nahezu kostenfreie, professionelle und zielgerichtete Kommunikation und individuelle Marketingstrategien zulassen.

So funktioniert Social Network
Jeder ist „Sender" und „Empfänger"

Privat, Bekannte, Freundschaften

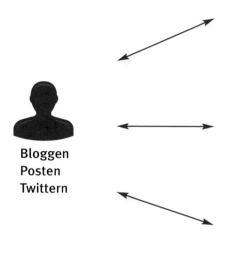

**Bloggen
Posten
Twittern**

**Wissen, Information, Foren,
fachlicher Austausch**

**Kommentare, Fragen, Meinungen,
Kritik, Neuigkeiten**

Für Künstler stellt sich dabei die Frage, wie sie Social Media mit all ihren Tools auf ihre Bedürfnisse hin ausgerichtet einsetzen können, um beispielsweise eine effektive Öffentlichkeitsarbeit zu leisten. Immer die Faktoren Zeit und Geld im Blick, von denen Künstler gewöhnlich wenig haben, können sie mit Social Media Einiges schnell und effektiv erreichen, ohne viel zu investieren. Zudem ist es für Künstler ein erstrebenswertes Ziel, den eigenen Bekanntheitsgrad zu steigern und das berufliche Umfeld durch die im Social Web gewonnenen Kontakte zu professionalisieren. Doch welche Anwendungen sind dafür geeignet? Welche sollten unbedingt eingesetzt werden, welche sollte man miteinander ergänzen und auf welche könnte man verzichten?

Die wichtigsten Social Media-Dienstleistungen im Überblick:

- Business-Networks und Communities
- Social Networks und Communities
- Blogs
- Microblogs
- Foto- und Videoportale
- Social Bookmarks
- Wikis

Web 2.0: Interaktive Business-Networks und Communities

Bei der Vielzahl von sogenannten sozialen Netzwerken und Communities muss man zwischen privaten und beruflich orientierten Anbietern unterscheiden. Bei XING und LinkedIn handelt es sich beispielsweise um Business-Netzwerke, die es erlauben, sich branchenspezifisch auszutauschen und Kontakte zu knüpfen. Nicht selten werden in diesen Netzwerken auch Mitarbeiter für vakante Stellen gesucht und gefunden. Auch für den Kunstbereich gibt es diverse Interessengruppen, sodass sich hier ein Blick sicher lohnt. So kann man einen guten Überblick gewinnen, wer sich für welche Themen interessiert und wie viele kunstbezogenen Themenbereiche es gibt. Die Kunstszene ist hier aber noch eher allgemein vertreten als durch ausgeprägte Künstlerportraits, deren individuelle Viten zumeist nicht den typischen XING-Profilen entsprechen und nicht selten eine Hürde für eine aktive Beteiligung in diesem Business-Netzwerk darstellen. Sie hierzu auch Kapitel 2, Seite 30.

Social Networks und Communities

Wirkungsvoller sind da schon eher die ursprünglich als private Kontakt- bzw. Beziehungsnetzwerke konzipierten Anbieter wie z. B. Facebook, StudiVZ, My Space, Wer-kennt-wen?, oder Stay friends. In diesen sozialen Netzwerken präsentieren sich Nutzer generell mit einem eigenen Profil und können vielfältige Funktionen zur Vernetzung, Kontaktpflege oder Kommunikation mit anderen Mitgliedern nutzen. Dabei ist die Nutzung vieler Funktionen innerhalb dieser Netzwerke nur unter einem eigenen Profil mit den entsprechenden Angaben zur Person möglich. Während die letzt genannten Netzwerke nach wie vor für den privaten Austausch hervorragend geeignet sind, hat sich vor allem Facebook als das größte und wichtigste Medium für die professionelle Kontaktaufnahme entwickelt. Das ist nicht nur den mittlerweile über 50.000.000 weltweiten Usern zu verdanken, sondern auch den denkbar einfachen Implementierungsmöglichkeiten von Bild- und Videomaterial. So ist es kein Wunder, dass auf Facebook zunehmend viele Institutionen, Museen, Kunstvereine – und natürlich Künstler – vertreten sind. Wesentliches Konzept von Facebook ist das Prinzip von Fans, die man gewinn,t und Lieblingsseiten, die man anderen Gleichgesinnten weiterempfehlen kann. Hat man also einen aussagekräftigen eigenen Eintrag mit Profilbeschreibung und Pinnwand, so kann man schnell viele Fans um sich versammeln und ihnen Nachrichten, Neuigkeiten oder Links mitteilen. Der mittlerweile sprichwörtlich gewordene „Daumen nach oben" kann gar zu einer rasant wachsenden Fangemeinde führen. Inwieweit eine große Anzahl an Fans als Erfolg für die künstlerische Arbeit zu verbuchen ist, und welche Bedeutung sie tatsächlich haben können, steht auf einem anderen Blatt. Siehe hierzu Seite 31.

Blogs

Wer viel zu sagen, besser noch, wer viel zu schreiben hat, kommt an einen Wblog kaum vorbei. Auch kurz Blogs genannt, handelt es sich hierbei um vermehrt nicht mehr nur privat verwendete Online-Angebote, in denen in periodischen Abständen Einträge verfasst werden. Sie bieten eine technisch gänzlich einfache, fast ausschließlich kostenfreie und schnelle Möglichkeit, im Internet eigene Beiträge zu veröffentlichen. Ob die Texte lang oder kurz, fachlicher oder privater Natur sind, ob sie Besprechungen vergangener Ausstellungsbesuche oder einen Erfahrungsbericht live aus dem Atelier beinhalten, das Spektrum ist unendlich und die technischen Variationen ebenfalls. So können Texte mit Bildern und Videos ergänzt werden; die Blogs, sofern man es möchte, durch die Leser kommentiert und verlinkt werden. Die Gesamtheit aller Weblogs wird als Blogosphäre bezeichnet und deren Schreiber Blogger. Nicht selten kommt es vor, dass einzelne Blogs durch ihre inhaltliche Fundiertheit und/oder literarische Besonderheit eine große Vernetzung mit anderen Blogs erfahren und schließlich weit über die gesamte Blogosphäre bekannt werden.

Microblogs

Wer eher weniger schreiben möchte, gar nur kurze Nachrichten, die nicht mehr als 140 Zeichen lang sind, der kann auf dem Microblogging-Dienst Twitter nach Herzenslust zwitschern. Mit sogenannten Tweets (engl. to tweet = zwitschern) können angemeldete Nutzer mit maximal 140 Zeichen (inkl. Leerzeichen) Kurznachrichten verfassen, die dann per per SMS oder RSS den Followern angezeigt werden. Follower sind diejenigen Nutzer, die die Nachrichten des Verfassers abonniert haben und seinen Nachrichten, also

Tweets, entsprechend folgen. Meldungen per E-Mail geben fortwährend darüber Aufschluss, wer den Tweets folgt, natürlich immer auch unter dem Aspekt, auch umgekehrt „verfolgt" zu werden.

Foto- und Videoportale

Wer viel Bildmaterial im Netz zeigen und verwalten will oder muss, für den sind Foto- und Video-Communities perfekt geeignete Plattformen: Während beispielsweise Flickr einen riesigen Server für Bilder bereitstellt, bieten YouTube und Vimeo schier unbegrenzte Kapazitäten für Videos. Hier können sich die Nutzer mit ihren eigenen Bildern oder Videos präsentieren, sich ebenfalls untereinander vernetzen, bewerten und die jeweils eingestellten Werke kommentieren. Im Gegensatz zu Facebook und anderen Anbietern können die Inhalte zumeist ohne Einschränkungen von jedermann genutzt bzw. angesehen werden, ohne selbst als Mitglied registriert zu sein.

Viele Internetnutzer nutzen die Möglichkeit, die von ihnen häufig besuchten Webseiten und nützliche Links mit einem sogenannten Lesezeichen in ihrem Browser zu kennzeichnen. Diese äußerst sinnvolle Einrichtung macht lästiges Suchen nach Websites und die Frage „Wo war das noch mal?" hinfällig. Einmal vermerkt, kann man einmal aufgerufene Websites, Blogs und Links wieder finden. Mit sozialen Lesezeichen (engl.: Social Book-

marking) kann man diese ursprünglich für den privaten Gebrauch verwendete Dienstleistung anderen Internetnutzern im gesamten Web zur Verfügung stellen. Ähnlich dem hochgereckten Daumen bei Facebook folgt hier das Prinzip ebenfalls der Empfehlung: „Schaut her, diese Seiten finde ich interessant", indem man anderen einen Einblick in die eigene Lesezeichensammlung bietet und umgekehrt natürlich auch die anderer einsehen kann. So findet man schnell weitere Seiten zu Themen, die von ähnlich Interessierten empfohlen werden und erweitert somit automatisch sein eigenes Informationsnetz. Zu den bekanntesten Anbietern von Social Bookmarking gehören del.icio.us, Digg, Mister Wong oder Furl, bei denen Nutzer ihre persönlichen Lesezeichen (Bookmarks) der Webgemeinde zur Verfügung stellen und diese mit Schlagworten indexieren.

Wikis

Schlagwörter gehören auch zur Suche in Wikipedia selbstredend dazu. Wer kennt sie nicht, die weltweit größte Online-Enzyklopädie, die es jedem ermöglicht, kostenlos Artikel zu jedem denkbaren Thema abzurufen. Auf dieser vor allem als Informationsquelle genutzten Dienstleistung kann man natürlich auch selbst eigene Darstellungen und Hinweise einstellen oder ergänzen. Der sich aus dem Begriff „wiki", dem hawaiianischen Wort für „schnell", und dem letzten Teil des englischen Wortes „encyclopedia" zusammensetzende Name bietet also für jeden die Möglichkeit, Beiträge zu schreiben – allerdings dürfen sie keinen werblichen Charakter haben. Legendäre Künstler wie Leonardo da Vinci und Pablo Picasso wird man hier genauso wie zeitgenössische namhafte Künstler finden. Professionelle Künstler mit einer aussagekräftigen Vita und Ausstellungstätigkeit könnten hier genauso ihren Platz finden.

Allen Anwendungen ist gemein, dass sie gänzlich bzw. nahezu ohne technische Vorkenntnisse nutzbar sind. Fast alle sind kostenfrei und stehen unkompliziert in der Handhabung per Download zur Verfügung. Einzig der Zeitaufwand für die Initiierung und spätere Erstellung der Textbeiträge und des Bild- bzw. Videomaterials stellen eine Größe dar, die jeder für sich entscheiden muss. Manche Künstler sprechen von einer Viertelstunde pro Tag, andere benötigen nach eigenen Angaben eine Stunde pro Woche. Der zeitliche Einsatz hängt jeweils von der Häufigkeit der Aktualisierungen und des jeweiligen Beitrags ab. Will man beispielsweise nur kurze Meldungen mitteilen, benötigt man naturgemäß weniger Zeit, als wenn man ganze Berichte mit einer Auswahl an Bildern samt Bildunterschriften, Links etc. einstellt.

Die Entscheidung, wie viel Zeit und Arbeit tatsächlich bei dem Einsatz von Social Media aufgewendet werden sollen, hängt letztlich von den Zielen ab, die man mit den jeweiligen Anwendungen im Social Web erreichen möchte. Daher sollte sich jeder Künstler genau befragen, WARUM WAS WIE und WO kommuniziert werden soll.

Was können Künstler mit Social Media erreichen?

Aus welchem Grund sollte man neben Telefon und E-Mails weitere Netzwerke wie Facebook, Twitter & Co. eigentlich nutzen? Eventuell sogar noch Zeit und Mühen darin investieren und die neuen Anwendungen in den ohnehin schon voll gepackten Arbeitsalltag integrieren? Zeit ist bekanntlich Geld und der Nutzen nicht ohne weiteres absehbar oder gar fest zu kalkulieren. Derartige Überlegungen werden schnell überflüssig, wenn man der Beschäftigung mit Social Media eine klare Zielsetzung und Handlungsstrategie zugrunde legt. Eine der wesentlichen Zielsetzungen ist die Vernetzung mit branchenspezifischen Gruppen und Personen. Ob Künstler, Galeristen, Kuratoren, Kunstkritiker oder Journalisten, durch gezielte Suche beispielsweise in Facebook oder Twitter kann man schnell derartige Personenkreise finden, Kontakte aufnehmen bzw. anfragen und anschließend Informationen über die eigene künstlerische Arbeit versenden. Genauso gut kann aber auch die Vernetzung mit branchenfremden Gruppen und Personen interessant sein, um Impulse und Lösungsansätze zu erhalten. Man sollte durchaus den sprichwörtlichen „Blick über den Tellerrand" wagen und den Austausch mit anderen suchen.

Die Kontakterstellung soll zu guter Letzt der eigenen strategischen Positionierung dienen, also den Bekanntheitsgrad steigern. Nun nützt es natürlich nichts, Tausende von Fans auf der eigenen Facebook-Seite zu haben oder entsprechend viele Follower bei Twitter zu gewinnen. Unzählige Kontakte bei XING sind genauso wenig hilfreich, da sie nichts über die Qualität der Personen und die Beziehung zu Ihnen aussagen. Entscheidend ist die unmittelbare, mögliche Bedeutung für Ihre Kunst, Ihre Arbeit und Veranstaltungstätigkeit. Hierfür lassen sich schnell Kriterien finden, nach denen Sie die entsprechenden Kontakte suchen können. Fangen Sie am besten mit der lokalen Nähe an. Wen kennen Sie bzw. wer könnte für Sie in Ihrem unmittelbaren

Lebens- und Arbeitsraum von Interesse sein? Der Galerist nebenan, der Kunstverein der Stadt, die Feuilletonistin des Stadtmagazins, und, und, und. Ist dieser Personenkreis erst einmal ausfindig gemacht worden, kann man sich überregional orientieren oder sucht im nächsten Schritt nach themenspezifischen Ähnlichkeiten. Sind Sie beispielsweise Performance-Künstler, würde sich anbieten, alle Ausstellungshäuser, Kuratoren, Sammler und Künstler zu diesem Bereich in die Kontaktliste mit aufzunehmen.

Die Kontaktsuche und -herstellung ist das grundlegende Prinzip von Social Media. Nun müssen aber diese Kontakte, wie im realen Leben auch, gepflegt und mit Inhalten gefüllt werden. Denn über kurz oder lang erlischt jedes einmal entflammte Interesse, wenn es nicht stets erfrischt und belebt wird. Daher muss man sich von vornherein eine Strategie für die Bereitstellung der Inhalte erstellen. Was und worüber kann man regel-

Formulieren Sie Ihre Ziele
Bevor Sie sich ins Social Web begeben, formulieren Sie Ihre Zielsetzung und Strategie. Notieren Sie am besten eine Liste mit allen Aspekten, die Sie erreichen möchten, und prüfen Sie diese mit den Möglichkeiten, die Ihnen die Social Media-Anwendungen zur Verfügung stellen. So finden Sie auch schnell heraus, welche Anwendungen bzw. welcher Mix der jeweiligen Tools am besten geeignet ist.

mäßig schreiben? Welche Informationen kann man beitragen, die für die Adressaten kontinuierlich von Interesse sein könnten? Schließlich will man ja im besten Falle, dass man weiterempfohlen wird und aus dem virtuellen Kontakt ein realer wird, idealerweise in Form eines Atelierbesuchs mit krönendem Kauf eines Kunstwerks oder als Einladung zu einer lang ersehnten Gruppenausstellung! Die zu veröffentlichenden Inhalte hängen zum einen von den eigenen Aktivitäten ab und zum anderen von dem zeitlichen Rhythmus, den man sich zur Arbeitsgrundlage macht. Wer vorhat, jeden Tag etwas zu posten oder zu twittern, sollte auch tatsächlich über ständige Neuigkeiten und interessante Informationen verfügen. Ratsam ist es, erst einmal in längeren zeitlichen Abständen zu planen. Ein wöchentlicher Beitrag bei Facebook, Twitter oder Blog reichen völlig aus. Gar ein Rhythmus von zwei Wochen wäre kein Problem. Die Regelmäßigkeit ist alles entscheidend – und die erlaubt keine Ausnahmen! Ein Künstler also, der einen aktiven Anteil an der regionalen Kunstszene hat, Veranstaltungen organisiert und sich gar genreübergreifend engagiert, wird wahrscheinlich häufig schreiben, Fotos veröffentlichen und kurze Meldungen versenden. Ein Künstler hingegen, der viel Zeit in seinem Atelier verbringt und eher selten am öffentlichen, kulturellen Leben teilnimmt, wird tendenziell in größeren Abständen seinen Kon-

Social Media lebt vom Teilhaben und Erleben!
Vergessen Sie nie, dass das Social Web maßgeblich vom Aspekt des Erlebnisses und der Teilhabe lebt. Bieten Sie also Ihren Lesern, Kontakten, Fans und Followern die Möglichkeit, an dem, was Sie mitzuteilen haben, Anknüpfungspunkte zu finden. Es geht eben nicht um einen Monolog, sondern ganz bewusst um einen Dialog, den Sie mit immer neuen Impulsen füttern müssen. Wenn Sie im Extremfall nur Ausstellungsankündigungen und weit ausgebreitete Texte zu Ihren Werken veröffentlichen, könnte dies schnell zu dem unerwünschten Effekt der Langeweile führen. Versuchen Sie sich einfach vorzustellen, was Sie persönlich interessieren und Ihre Aufmerksamkeit wachrufen würde. Oder beteiligen Sie Ihre Leser durch Fragen, Statements und allgemeine Überlegungen, die inhaltliche Schnittstellen zu Ihrer Arbeit ermöglichen.

takten etwas mitzuteilen haben. Es gibt also so viele individuelle Möglichkeiten, sich im Social Web kommunikativ zu bewegen, wie es individuelle Künstlerpersönlichkeiten gibt.

Um den für sich geeigneten Weg zu finden, Empfehlungen zu sammeln und somit seinen Leserkreis, also die Kontakte, zu erweitern, sollte man im nächsten Schritt seine eigene Darstellung analysieren und die eigene Kunst bzw. künstlerische Aktivität verorten. Nur so kann man sein Publikum kennenlernen und gezielt dafür schreiben und Informationen generieren. Auf diese Weise können Sie sich langfristig ein Image im Social Web verschaffen, dass die künstlerische Arbeit ergänzt und verstärkt.

Posten, bloggen, twittern ... Aber worüber nur?

Als Künstler hat man viel mehr Möglichkeiten, über interessante Themen zu schreiben und Veröffentlichungen zu kreieren, als man auf den ersten Blick glauben möchte. Nehmen wir beispielsweise den Künstleralltag. Die Arbeit im Atelier bietet jede Menge an Inspirationen; angefangen bei den dort vorhandenen und verwendeten Materialien, Kunstwerken und thematischen Impulsen. Die Vorbereitung einer Ausstellung setzt sich aus vielen Komponenten und einer zeitlichen Abfolge zusammen.

Warum nicht einmal darüber im Vorfeld einer Ausstellung berichten? Die Vernissage als Höhepunkt ist ohnehin in mehreren Perspektiven berichtenswert, als Ankündigung, als Live-Bericht, gar mit einem Video. Genauso gut kann man anschließend während der Ausstellungszeit Eindrücke sammeln, Gespräche wiedergeben oder eine Foto-Show zeigen. Besonders geeignet wäre ein Blog, um Eindrücke auf Künstlerreisen und Stipendien mitzuteilen. Gerade Stipendienaufenthalte und die damit verbundenen künstlerischen Projekte und Arbeitsprozesse können besonders gut in Form eines digitalen Tagebuchs, eben als Blog wiedergegeben werden. Lassen Sie Ihre Leser an Ihrem künstlerischen Werdegang und ihrer Entwicklung teilhaben! Tauschen Sie sich über künstlerische Themen aus oder diskutieren Sie die Qualität der gerade erworbenen Leinwand oder die technischen Besonderheiten der Fotokamera. Derartige Themenfelder sind unerschöpflich und bieten immer einen Verweis auf Ihre Arbeit und zugleich die Chance, in den Dialog zu treten, sich auszutauschen – und hinzuzulernen. Auch dies ein nicht gering zu schätzender Aspekt des Social Web. Ganz besonders eignen sich Blogs für Künstlergruppen und Kunstprojekte. Denn hiermit lassen sich die ersten Ideenentwürfe genauso spannend erzählen wie die unmittelbare Projektarbeit. Normalerweise münden diese Formen der

Worüber bloggen, posten und twittern?

- Generell eigenen sich alle Hinweise zu Veranstaltungen, Vernissagen, Finissagen, Vorbereitungen, Aufbau einer Ausstellung, die Ausstellung selbst.

- Mit Blogs kann man Eindrücke von Reisen, Aufenthaltsstipendien, Museumsbesuchen oder Besprechungen von Artikeln in Zeitschriften wiedergeben.

- Aber ACHTUNG: Niemals Persönliches und Privates mitteilen! Denken Sie immer an die Zielgruppen: Sammler, Ausstellungsbesucher, Galeristen, Kuratoren, Journalisten.

- Kurze, aktuellste Tweets zu Terminen und Ankündigungen.

- Aufrufe zu Unterstützung wie etwa Transport, Mitfahrgelegenheit, Technik, Equipment, Wissen etc.

- Allgemeine Denkanstöße zu bestimmten Themen geben, die für die eigene künstlerische Arbeit oder für aktuelle Diskussionen wichtig sind.

- Blogs sind hervorragend für Teams! Künstlergruppen können über den Prozess ihrer Arbeit gemeinsam schreiben und diesen transparent machen.

- Interviews mit Galeristen und Kunsthistorikern.

- Blick ins Atelier. Neuigkeiten in der Kunstszene und Tipps.

- Katalogerscheinungen.

gemeinschaftlichen Kunstproduktion in Ausstellungen mit evtl. abschließender Katalogdokumentation. Wer erhält aber einen Eindruck von all den vielen Arbeitsschritten, kreativen Prozessen und Diskursen, die während eines solchen Projektes ablaufen? Niemand, oder nur sehr wenige. Doch gehören gerade diese Dinge dazu, um das Gesamtwerk zu verstehen und würdigen zu können. Ein Blog kann hier das Fenster zum potenziellen Ausstellungsbesucher öffnen und ihm Einblicke bieten, die ihn intellektuell, aber auch emotional an das Kunstprojekt binden. Das Blog im Sinne eines Tagebuches ist die perfekte Begleitung, die von den beteiligten Künstlern gemeinsam betrieben werden kann. Ob Texte, Beschreibungen, Fotos und Videos, Interviews mit den Veranstaltern und biografische Angaben zu den Künstlern; alles dient dazu, einen Gesamteindruck zu geben und ab einem frühen Zeitpunkt auf das Projekt aufmerksam zu machen.

Wählt man dann auch noch die Kommentarfunktion, so kann ein lebendiger Austausch mit den ersten Rezipienten des Kunstprojektes entstehen. Aber selbst bei der kommentarlosen Variante ist die Möglichkeit, sich und das Projekt schon im Vorfeld und während der Entstehung bekannt zu machen, groß. Aber mit Einschränkung; denn: Ohne Kommentarfunktion ruft der Künstler lediglich in die Welt hinaus.

An dieser Stelle gilt unbedingt der Hinweis auf die RSS-Funktion. Diese äußerst praktische Funktion sollte eigentlich weder auf einem Blog, noch auf einer Homepage fehlen. Der RSS-Feed, oder sogenannte Really Simple Syndication, ist eine technische Einrichtung auf Webseiten, die als eine Art Nachrichtenticker fungiert. Änderungen auf Websites wie etwa Neueinträge in Blogs, Veranstaltungsankündigungen oder andere inhaltliche Neuigkeiten wie Film oder Fotobeiträge werden als vereinfachte Veröffentlichung in einem standardisierten Format an Abonnenten weitergeleitet. Die Bereitstellung von Daten im RSS-Format bezeichnet man auch als RSS-Feed. Nachdem der RSS-Feed also von interessierten Lesern abonniert wurde, kann der Abonnent die Nachrichten im Feed-Reader einlesen. Der Abonnent des RSS-Feeds kann dann direkt dem angebotenen Link folgen und dort die vollständige Meldung lesen.

Service für Ihre Leser:
Lassen Sie Ihre Beiträge abonnieren!
Mit der RSS-Funktion erleichtern Sie es Ihren Lesern, Ihnen zu folgen und Neuigkeiten sofort zu erfahren. Die technische Integrierung auf Homepage und Blog sind ein Kinderspiel, und RSS sollte auf keiner professionellen Homepage fehlen! Jedes Blog verfügt über diese Funktion, und Websites sollten leicht erweiterbar sein. Fragen Sie Ihren Administrator!

Wenn Sie Ihr Blog parallel bzw. als Ergänzung zu Ihrer bestehenden Webseite erstellen, so versuchen Sie, unbedingt die beiden Tools miteinander zu verbinden und zu verlinken. Sollten Sie also über Ihre Werke schreiben oder eine Ausstellung ausführlicher auf dem Blog besprechen, so verweisen Sie auch immer auf Ihre Homepage, die evtl. andere Bilder und über darüber hinaus verweisende Informationen verfügt. Allerdings müssen Sie natürlich die Homepage genauso aktualisiert halten wie das Blog. Aber das ist ohnehin ein ungeschriebenes Gesetz im Internet: Nichts ist schädlicher als veraltete Angaben! Das bedeutet, dass man – einmal damit angefangen – ein gewisses Tempo der Aktualisierung und Content-Generierung im beruflichen Alltag berücksichtigen muss. Lange Unterbrechungen oder gar um Jahre veraltete Angaben verzeihen Internetnutzer nicht und strafen einen damit, die Webseite oder das Blog nie wieder zu besuchen.

Deshalb tragen Sie sich feste Termine für die Aktualisierung in den Kalender ein. Einmal in der Woche reicht aus, um wichtige Daten zu ändern, ein, zwei Bilder auszutauschen und vielleicht drei vier Sätze zu aktuellen Begebenheiten zu schreiben. Wer viel schreibt, kann seine Blog-Aktualisierungen auch monatlich vornehmen. Wer ein Blog speziell für ein künstlerisches Projekt, etwa ein Stipendium oder eine Gemeinschaftsarbeit, publiziert, kann dieses auch zeitlich begrenzen, nach Abschluss des Projektes redaktionell abschließen und auf der eigenen Homepage archivieren. Man sollte also auf keinen Fall befürchten, der Sache nicht gewachsen zu sein und einem unüberschaubaren Berg von Arbeit und Zeitaufwand gegenüberzustehen. Wenn man sich ein klares Konzept überlegt und genau weiß, wofür man Social Media anwenden will, kann man entsprechende Lösungen finden und die Vielfalt der Social Media-Tools unkompliziert und gewinnbringend nutzen.

Vermarktung und kreativer Prozess

Michael Behrens, 42 Jahre alt, ist Beratungs-Geschäftsführer bei Jung von Matt/next. Er beschäftigt sich seit den späten 90ern mit den Möglichkeiten des digitalen Marketings. Jung von Matt/next ist spezialisiert auf die langfristig angelegte Kommunikation im Bereich Websites, E-Commerce und Social Web. Neben Kunden wie Daimler, Bosch, Nikon oder die Sparkasse arbeitete die Agentur auch mit Christoph Schlingensief zusammen, für den sie die Website für das Projekt „Opernhaus für Afrika" entwickelte. Durch diese Kooperation und den ständigen Austausch mit anderen Künstlern – darunter Fotografen, Illustratoren, Video- und 3D-Künstlern – erfuhr Michael Behrens vieles über den besonderen Umgang von Kulturschaffenden mit den kommerziellen Aspekten des Internets.

Werbung im klassischen Sinne können und wollen Künstler in der Regel nicht für sich und ihre Arbeiten machen. Und doch wollen sie mit ihrem Werk unter die Leute, wollen als kreativ Schaffende wahrgenommen werden und möglichst ihre Arbeiten verkaufen. Welche Möglichkeiten sehen Sie für einen Künstler, via Internet aus der Masse hervorzustechen – immer unter Berücksichtigung eines schmalen Budgets?
Der Künstler ist selbstverständlich gut beraten, die Social Communities zu nutzen. Das Gros des Werbebudgets klassischer Werbung geht ja nicht an die Werbeagenturen, sondern an die Medien. Im Social Web spielen die aber praktisch keine Rolle, denn die Nutzer selbst verbreiten die Botschaft. Voraussetzung dafür ist es, Botschaften mit Relevanz und Kraft – das Momentum – zu finden. Das ist ja aber für viele Kunstschaffenden keine unbekannte Herausforderung.

Social Media ist in aller Munde. Angesagt ist die möglichst frei fließende Kommunikation, der Austausch von Wissen, Meinung und jedem denkbaren digitalen Inhalt. Sehen Sie darin eine Chance für Künstler?

Für die Vermarktung auf jeden Fall, aber auch für den kreativen Prozess. Dialog und Kommunikation, auch gerade mit im engeren Sinne Unbeteiligten, eröffnet sicher neue Sichten auf das eigene Werk. Welcher Künstler würde davon nicht profitieren?

Was finden Sie eher riskant?
Die Chancen überwiegen sicher. Das „Risiko", sich seine Werke zerreden zu lassen, gibt es ja, seitdem Kunst debattiert wird; riskant ist das eigentlich nicht. Kunst, die aneckt, die polarisiert oder gar provoziert, wird entsprechendes Feedback erzeugen. Der Künstler dahinter sieht genau darin auch eine Chance.

Kommen die sozialen Medien im Internet für Künstler infrage, die ihre Kunst nicht diskutiert wissen wollen, die sagen, Kunst sei nicht demokratisch?
Man muss die Community ja nicht abstimmen lassen. Aber klar: je mehr die Kunst polarisiert, desto größer das Risiko für den Künstler, öffentlich mit unreflektierter Kritik konfrontiert zu werden. Es kommt dabei auch sehr darauf an, in welcher Community man sich bewegt: In den Foren populärer Online-Medien wie BILD.de oder Spiegel-Online trifft man halt nicht nur wesentlich mehr Nutzer als im Kunst-Blog, sondern auch ganz andere. Aber auch das ist grundsätzlich nichts Neues: Was in Museen und Galerien von gut informierten Kreisen geschätzt wird, erzeugt im öffentlichen Raum, auf der Straße mitunter Kritik und Ablehnung.

Andere Künstler wiederum sehen in der kritischen Auseinandersetzung mit anderen durchaus Chancen zur Weiterentwicklung ihrer eigenen Arbeit. Für sie sind Netzwerke immens wichtig – offline genauso wie online. Welches Social Network ist einen Versuch wert?
Facebook ist aufgrund schierer Größe relevant. Das gilt auch für die populären Genres und deren Communities, Flickr für Fotografen und

MySpace für (Nachwuchs-)Bands zum Beispiel. Für viele Künstler dürften die weitaus spezifischeren Online-Galerien und Kunst-Foren interessanter sein. Ein Beispiel dafür ist die Saatchi Gallery. Wie immer man zu denen steht: Die Chancen des Web 2.0 nutzen sie. Künstler können dort online frei ausstellen und verkaufen. Wem Galerien und Museen aber auch offline schon zu elitär waren, dem bietet sich mit YouTube & Co. die Chance, die breite Masse zu erreichen. Die Redaktionen der klassischen Medien muss man dafür nicht mehr überzeugen, das Publikum hingegen schon.

Wenn Sie sich eine Social Media-Strategie für einen Künstler überlegen müssten, wie sähe die aus?
Pauschal lässt sich das kaum beantworten. Keyword-Advertising bei Google ist auch mit (sehr) kleinen Budgets interessant. Von dort verlinkt man auf die eigene Website – die übrigens immer noch empfehlenswert ist, quasi als Basisstation des Social Media Marketings. Je besser der Künstler in den Social Networks verlinkt ist, desto besser wird ihm die Promotion seiner Werke dort gelingen. Und vor allem sollte der Künstler nicht zu viel erwarten: Die Social Networks sind als Teil der Aufmerksamkeitsökonomie deren Gesetzen unterworfen. Je provokanter und lauter das Werk, desto einfacher ist auch dort dessen Verbreitung. Lyrik hat's auch im Web 2.0 schwer. Sie kann online aber immerhin eine Nische finden, die in der analogen Welt aufgrund begrenzter Ressourcen vielleicht nie vorhanden wäre. Die Theorie dazu wird auf Wikipedia gut dargestellt – The Long Tail.

Voll im Trend: Social Media in Zahlen

Die Entwicklung in den letzten Jahren im Bereich der Social Media ist dermaßen rasant und vielfältig, dass wir anhand der Statistiken und kürzlich erhobenen Befragungen nur einen Ausblick geben möchten. Dabei lässt sich allerdings ein bestimmtes Benutzerverhalten feststellen, das die schnelle Entwicklung maßgeblich mitprägt. Internetnutzer entscheiden sich online um ein Vielfaches schneller als offline und selektieren rigoros. So bewähren sich im Internet nur diejenigen Kommunikationsangebote, die aus Sicht der Nutzer als sinnvoll und besonders praktisch erachtet werden. Die Etablierung von Innovationen folgt daher im Netz einem bestimmten Muster: Auf die euphorische Begeisterung für eine neue Plattform oder einen neuen Dienst folgen schnell Ernüchterung und kritische Stimmen. Finden die Nutzer aber nach dem ersten Hype weiterhin Gefallen an der neuen Anwendung, wird sie ohne viel Federlesens in den Alltag integriert. Ob und wie erfolgreich diese Anwendung nach der Anfangsphase sein wird, zeigt sich dann mit der Zeit.

Für den Boom des Social Web scheint dieses kurz skizzierte Verhaltensmuster der Internetnutzer besonders zu gelten. Bis 2010 war das Social Web das Wachstumswunderland im Internet schlechthin. Der Wunsch nach Austausch und Kontakt per Mausklick spiegelte sich in fantastisch anmutenden Zuwächsen bei den Benutzerzahlen und der Nutzungsdauer – allen voran Facebook, das sich schnell den ersten Platz eroberte. Alle Kommunikationsspezialisten waren sich sogleich einig: Ohne Social Networks geht gar nichts mehr. Nach einer Phase der Kritik, vor allem an dem laxen Umgang einiger Unternehmen mit den Nutzerdaten, scheinen sich die Zugriffszahlen auf einem hohen Niveau einzupendeln. Mehr als die Hälfte (62%) aller Internetnutzer in Deutschland sind Mitglieder in einem oder mehreren Social Networks, ein Drittel ist dort mindestens einmal in der Woche zu Besuch (Stand: April/Mai 2010). Die knappe Mehrheit der Mitglieder (55%) verhält sich eher beobachtend, aber über 40 Prozent der Netzwerker sind aktiv. Sie kommunizieren lebhaft über „ihr" Social Network, schreiben eigene Beiträge und Blogs und kommentieren regelmäßig die Beiträge der anderen Internetnutzer.

Social Media gehört zum privaten und beruflichen Alltag

Immer mehr Menschen bewegen sich mittlerweile ebenso selbstverständlich in Social Networks wie im „realen" Leben. Eine Trennung zwischen dem offline geführten und dem online geführten Leben gibt es kaum noch. Und die Generation der nach 1980 Geborenen macht hier sogar keinerlei Unterschied mehr. Sie haben ihre sozialen Kontakte und gesellschaftlichen Aktivitäten in das Internet nahtlos eingefügt bzw. mit ihrem „realen" Leben gemischt. Von den 20jährigen und noch jüngeren Menschen sind 98 Prozent in einem oder mehreren der Social Networks als Mitglied aktiv. Und die Älteren holen auf. In Europa gibt es inzwischen mehr als 400 Millionen Internetnutzer. Auch immer mehr Menschen jenseits des 50sten Lebensjahrs sehen das Internet mit seinen kommunikativen Möglichkeiten als eine Bereicherung ihres Lebens. Dabei nutzen sie nicht nur immer öfter Social Networks, sondern auch alle anderen Anwendungen, die das Social Web bereithält, wie etwa Blogs, Micro-

blogs, Wikis und laut Duden Communities. Fünf der zehn am häufigsten besuchten Websites der Welt kommen inzwischen aus dem Bereich Social Media: Facebook lag Ende Juni 2010 nach Google auf Platz zwei – mit fast 6 Prozent aller Pageviews weltweit. Auf dem dritten Platz landete YouTube. Ebenfalls unter den ersten zehn waren Wikipedia, Blogger.com und Twitter zu finden. Insgesamt hatten die 25 Social Media-Plattformen unter den Top-100-Websites im April 2010 mehr als eine Milliarde Besucher pro Monat.

Wären solche hohen Zahlen noch vor kurzem undenkbar gewesen, sind sie inzwi-

Wie viele Menschen nutzen Social Networks und kommunizieren darüber?

62% aller Internetbenutzer sind Mitglied in einem oder mehreren Social Networks

30% aller Mitglieder besuchen mindestens einmal pro Woche ein Social Network

1) Quellen: Online-Studie von ARD und ZDF 2010; W3B-Report „Nutzer von Social Networks: Zielgruppen für Marketing und Vertrieb", Agentur Fittkau & Maass, Google Ad Planner, www.alexa.com.

schen der Normalzustand. Verantwortlich sind dafür in großem Maße die Smartphones und Tablet-Computer, die den Internetzugang für immer mehr Menschen noch leichter machen. War die Firma Apple mit iPhone und iPad die Pionierin, ziehen inzwischen immer mehr Hersteller der Branche nach. Nicht mehr der stationäre Computer zuhause ist das Maß aller Dinge, sondern die neuen mobilen Geräte, die sich intuitiv mit dem Finger auf dem berührungsempfindlichen Bildschirm bedienen lassen und mit denen jeder fast überall ins Internet gehen kann. Das hat auch Auswirkungen

auf die Art, wie Social Media genutzt werden. Für fast jede Plattform aus diesem Bereich gibt es die passende App (engl. application = kleines Software-Programm), mit der die Mitglieder Beiträge für ihr (Micro-)Blog oder ihr Social Network via Smartphone schreiben können. Bei Twitter sind es 80 Prozent, die derartige Apps nutzen, um flexibel von jedem nur denkbaren Ort aus schnell eine kurze Nachricht zu schreiben bzw. zu twittern und evtl. noch mit einem schnell geknipsten Foto per Mobiltelefon zu dokumentieren.

55%
aller Mitglieder
verhalten sich
beobachtend

40%
der Mitglieder
kommunizieren
und kommentieren
regelmäßig

2. Mit Social Media Netzwerke aufbauen

2. Mit Social Media Netzwerke aufbauen

Kunstmarkt ist Netzwerk. Das muss jedem klar sein, der einmal eine Vernissage besucht hat. Das Märchen vom Künstler, der so lange fleißig in seinem Atelier arbeitet, bis ein mit detektivischer Neugier vorgehender Galerist oder Kurator sein Atelier im Hinterhof findet, sein Talent und sein Werk erkennt und ihn schlagartig zu einer Berühmtheit macht ... es soll schon vorgekommen sein, bewahrheitet sich aber nur ausgesprochen selten. Vielmehr ist es wichtig, zu kennen und gekannt zu werden. Das Vorhaben, Galeristen, Sammler, Kunden, Kuratoren kennenzulernen, erfordert eine hohe Standfestigkeit auf Partys, Sitzfleisch bei Einladungen und unermüdliche Geduld in Sachen Smalltalk. Folgerichtig also der Schluss, das zu tun, was Profis aus anderen Wirtschaftszweigen im Internet längst tun: Netzwerke aufbauen und pflegen. Das Internet bietet verschiedene Möglichkeiten, doch nur wenige werden von Künstlern auch tatsächlich genutzt.

Alle Kontakte im Blick und schnell vernetzt

Dabei bietet die Netzwerkpflege per Internet die Möglichkeit, alle seine Bekannten, Kunden und Kollegen mit relativ geringem Aufwand im Auge zu behalten. Niemand geht mehr verloren, weil er umgezogen ist oder eine neue E-Mail-Adresse hat – schließlich pflegt jeder seinen Eintrag selbst. Ist man also einmal virtuell vernetzt, hat man immer Zugriff auf die aktuellen Kontaktdaten des Anderen. Beim Netzwerk XING beispielsweise lassen sich diese sogar automatisch mit dem eigenen Adressbuch und E-Mail-Postfach verknüpfen, so dass sich diese quasi von selbst aktualisieren.

Die Begegnung auf den virtuellen Plattformen kann sehr praktisch sein und Zeit sparen. Mit einem einzigen Blick auf die Statusmeldungen der Kontakte können interessante Veranstaltungen oder lockere Kommentare wahrgenommen werden. Mit minimalen Mitteln wie z.B. dem „Gefällt mir"-Button auf Facebook kann ein Kleinstkontakt hergestellt werden. Auch die eigenen Statusmeldungen erhalten hochgereckte Daumen oder kurze Reaktionen. Das alles, während man am Schreibtisch am Rechner sitzt. Besuche von Vernissagen und Veranstaltungen zur kollegialen Kontaktpflege bleiben sicherlich trotzdem wichtig, aber ihre Zahl lässt sich durchs Online-Networking einschränken.

Gefällt mir: Schneller Kontakt

Facebook macht es seinen Nutzern besonders leicht, schnell Kontakt zu knüpfen: Einfach auf den hochgestreckten Daumen klicken und schon erhält der andere Teilnehmer einen Hinweis, dass Ihnen ein Eintrag auf dessen Facebook-Seite gefällt. Diese Notiz sehen auch alle anderen Besucher dieser Seite, die so wiederum auf Ihre Facebook-Seite neugierig gemacht werden.

Das entkrampft sogar das Verhältnis zu Leuten, bei denen einem sonst nie einfällt, wie man einen Smalltalk eröffnen oder ihn am Leben halten soll und deswegen eher selten das Gespräch sucht. Viele der eher losen Bekannten würde man auch nicht anrufen, einfach nur, um in Kontakt zu bleiben. Wenn dann noch eine vor langer Zeit ausgetauschte E-Mail-Adresse ihre Gültigkeit verliert und versandte Ausstellungseinladungen zurückkommen, ist die Verbindung rasch verloren, die aber eventuell trotzdem für die Zukunft ihren Sinn hätte. Und dann benötigt man wenigstens drei zufällig gleichzeitig besuchte Vernissagen, um den Kontakt wieder herzustellen. Da ist so ein kleiner Klick auf den hochgereckten Daumen etwa auf Facebook ungemein praktisch, so etwas wie ein kurzes, schmerzloses, aber wirkungsvolles Hallo.

Und dann ist es auch noch eine Frage der Kontrolle. Wer mit seinem Kaffeebecher am Rechner sitzt, kann sehr gut steuern, wie viel Privates und/oder Albernes er von sich preisgibt und auch, wie er Berufliches stilvoll kommuniziert. Im „echten Leben" ist das schwieriger. Denn wer kennt nicht das schale Gefühl am Morgen danach, in diesem Fall nach dem Vernissagen-Smalltalk. Wer spätabends müde ist und vielleicht schon ein paar Bier intus hat, trägt oft das Herz auf der Zunge. Und überschüttet vielleicht einen coolen Geschäftskontakt mit nur halbspannenden Kindheitserinnerungen, lässt sich zu einer Grundsatzdiskussion provozieren und gerät in Streit oder, im Gegenteil, befindet sich im Moment des reuevollen Morgens danach überraschenderweise nicht im eigenen Schlafzimmer. Ja, das alles kann durchaus geschäftsfördernd wirken, muss es aber längst nicht.

Natürlich wird die persönliche Begegnung mit Kollegen, Kuratoren, Sammlern, Galeristen keinesfalls durch das Internet ersetzt. Das bereits angesprochene Changieren zwischen privat und professionell ist aus den aktuellen Kunstmarktgepflogenheiten nicht wegzudenken. Internet-Netzwerkpflege ist hierzu eine sehr praktische Ergänzung. Der Einstieg ist leicht: Nach der Anmeldung kann man sein Adressbuch durchsuchen lassen und sich so alle im angewählten Netzwerk vertretenen Bekannten anzeigen lassen. Sie können nun zu den eigenen Kontakten hinzugefügt werden. Sie werden daraufhin darüber informiert und können ihrerseits diese Kontaktaufnahme bestätigen oder ablehnen. Ist man einmal so vernetzt, ist normalerweise auch die Kontaktliste des neuen Online-Freundes einzusehen. Hier lassen sich gemeinsame Bekannte aufspüren, die man selbst bereits aus den Augen verloren hat. Und seien wir ehrlich: Jeder ehemalige Klassenkamerad und Studienkollege ist auch ein potentieller Kunstkäufer der Zukunft. Also auf ins Netz.

XING, das professionelle Business-Netzwerk

Die im deutschsprachigen Raum mit knapp 9 Millionen Mitgliedern präsenteste Business-Plattform ist nach wie vor XING. Seit 2003 (zunächst unter dem Namen OpenBC) funktioniert die Seite als Kontaktbörse für Geschäftskontakte und bietet die Möglichkeit, den eigenen beruflichen Werdegang tabellarisch darzustellen und Kontaktdaten zu verbreiten. Des Weiteren erhält man die Möglichkeit, seine Kollegen und Kontakte in seiner Kontaktliste zu versammeln. Damit verbunden ist es auch möglich, die Kontaktlisten anderer Leute anzusehen, festzustellen, wer wen kennt und sich anzeigen zu lassen, über wie viele Ecken man mit jemandem bekannt ist, den man gerne kennen lernen möchte. Außerdem gibt es auf XING sogenannte Gruppen. Zu jedem erdenklichen Thema lassen sich Gleichgesinnte finden: Zum Kartenspielen, zur Jobsuche oder eben auch, um seine Kunst zu präsentieren und sich darob mit anderen auszutauschen. Wie sinnvoll das ist, mag im Ermessen des Einzelnen liegen – ob man diese Foren braucht, um sich gegenseitig auf die Lange Nacht der Museen aufmerksam zu machen oder ob man Einladungen zu Künstlerfesten schätzt, bei denen man sich zwischen „eine Papierkettenkünstlerin und einen Kettensägenbildhauer" einreihen soll. Was allerdings scheinbar funktioniert, sind Synergien mit anderen Berufsgruppen: Eine Anwaltskanzlei oder Praxisräume mit einer Ausstellung zu bespielen, hat zwar mit dem angestrebten Kunstmarkt nichts zu tun, erweist sich aber oft als lukrativ.

Um an XING teilzunehmen, gibt es unterschiedliche Formen kostenpflichtiger Modelle (neuerdings auch für Freiberufler),

Verkauf von Editionskunst im Netz

Sowohl als Künstler als auch als Kunstvermittler sollte man sich bewusst machen, dass Interessenten, die Kunst im Internet entdecken, nur in den seltensten Fällen bereit sind, höhere Summen zu investieren. Um Anreize für einen Kunstkauf per Internet zu schaffen, bietet es sich deshalb an, günstigere, kleinformatige Werke auszustellen, wie etwa Druckgrafik, Editionen und Multiples. Hier sind die Preise weitaus niedriger als für Malerei und Skulpturen. Zudem können auf diese Weise gerade junge Sammler gewonnen werden, die noch nicht über das nötige Budget verfügen, größere und teurere Arbeiten zu kaufen. Nicht selten haben spätere große Sammler mit dem Kauf von Editionskunst begonnen und auf diesen Arbeiten ihre Sammlung aufgebaut. Die Schwelle, eine Grafik für vielleicht 400 Euro zu kaufen, ist naturgemäß geringer als die Entscheidung, ein großes Gemälde für 4000 Euro zu erstehen. Dies umso mehr, als dass der Blick auf das Original mit steigendem Preis immer wichtiger wird.

die jeweils erweiterte Möglichkeiten zur Präsentation und Kontaktpflege beinhalten – dann wird einem beispielsweise angezeigt, wer das eigene Profil besucht hat, oder man erhält mehr Speicherplatz, um Dokumente zur Schau zu stellen. Die kostenfreie Basismitgliedschaft ermöglicht aber ebenfalls das einfache Sehen und Gesehen werden und die Teilnahme an allen Gruppen und Jobforen.

Die Kunstwelt scheint XING aber dennoch nur zögerlich zu betreten. Zwar findet man Galeristen und Händler hier, die sinnvollerweise Kontakte in die Geschäftswelt knüpfen können und sollen. Für Künstler scheint die Plattform nicht ganz so optimal zu sein: Die Möglichkeiten zur Darstellung der Arbeit ist nur per Verweis gegeben. Und manch Künstler scheut die tabellarische Biografie, sind die Umwege über Brotjobs, die das Leben als freischaffender Künstler so mit sich bringen, nicht unbedingt aussagekräftige Aushängeschilder für die Kunst. Was außerdem fehlt: Internationalität.

Facebook – zwischen Marketing und Privatsphäre

Eine andere Plattform entspricht dem Wesen der Kunstwelt, das Private mit dem Professionellen zu vermischen, wesentlich mehr: Facebook. Die Kontaktwebsite, die seit 2004 mittlerweile auf 500 Millionen Mitglieder weltweit angewachsen ist, hat im deutschsprachigen Raum knapp 14 Millionen Profile. Und während man sich während der Facebook-Anfänge noch im ersten Jahr der Mitgliedschaft fast ausschließlich daran erfreute, Schulfreunde rund um den Globus aufzustöbern, brach kurz darauf die Kunstwelt in dieses Refugium der Wiedersehensfreude ein. Doch, auch in der Kunstsparte hat man ja durchaus Freunde und ehemalige Freunde, deren Profilfoto man im Online-Alltag gerne sieht. Auch der Kontakt zu manch liebem Kollegen, Galeristen oder Kurator ist prinzipiell gerne gesehen. Aber mit dem Einbruch des Beruflichen ist der Zauber des Priva-

ten eingeschränkt. Zwar kann man seine Facebook-Freunde in Listen sortieren und ihnen unterschiedliche Einsichten auf das eigene Profil zuweisen. Doch wer hat schon so viel Lebenszeit, alle seine sogenannten Freunde ständig zu verwalten?

In Facebook findet die Kunstszene das ideale Medium: Fotos und Filme können problemlos eingestellt werden. Veranstaltungen sind einfach einzustellen und zu bewerben. Eine persönliche Note kann man per Kommentar, Statusmeldung und Posts einfügen. Kontakte werden länderübergreifend geknüpft und gepflegt, und die Grenzen zwischen Privat und Beruf verlaufen in dieser Berufsgruppe sowieso fließend.

Doch man sollte nach wie vor sehr sparsam damit umgehen, wen man als Freund akzeptiert. Eine vorhergehende Bekanntschaft sollte man grundsätzlich voraussetzen, um Einblick in sein halbprivates

Nichts Privates!
Man sollte ein wachsames Auge darauf haben, ob Fotos von der Abiturfeier im eigenen Profil auftauchen oder private Dinge verraten werden. Allzu Privates oder gar Peinliches sollte vermieden werden, spätestens wenn klar sein dürfte, dass nicht nur Freunde, sondern eben auch das berufliche Umfeld zusieht. Im Zweifelsfall lieber keine privaten Texte und Bildmaterialien einstellen!

Profil zu geben. In manchen Künstler-kreisen kann man jedoch auch ein unge-hemmtes Untereinander-Anfreunden be-obachten: Die Freundeszahlen explodie-ren da schnell in Richtung vierstelliger Zahlen. Sinnvoll ist das bestimmt: Anders lässt sich eine vergleichbare Flut an In-formationen über das Tun und Schaffen anderer Kulturschaffenden kaum erhal-ten. Dazu kommt, dass mittlerweile auch diverse Kulturinformationsdienste per

Facebook über Ausstellungen und Aus-schreibungen informieren und die gän-gigen Medien durchweg auch auf dieser Plattform mit eigenen Seiten vertreten sind. Nach und nach wird wohl eine der-artig genutzte Facebook-Timeline immer beruflicher, und Statusmeldungen, die den Nachwuchs, Hausbau oder Farm-ville-Spiele der Schulfreundinnen ver-melden, werden mehr oder weniger darin untergehen.

So sieht eine typische Facebookseite aus (Screenshot)

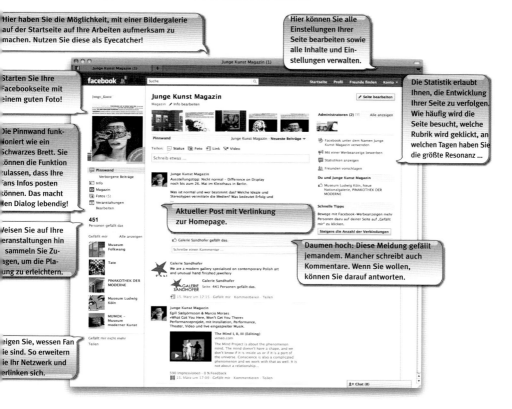

Einfach grandios:
Die multimedialen Möglichkeiten

Die Funktionen von Facebook umfassen also neben der eigenen Profilseite, auf der Fotos und Videos hochgeladen werden können, auch noch die Statusmeldung bzw. Pinnwand. Hier kann man ein Profil erstellen, mit dem man dem Besucher allgemeine Informationen über sich, sein Unternehmen oder seine Arbeit geben kann. Ähnlich wie andere Social Media-Dienste können darüber hinaus Gruppen mit Gleichgesinnten gebildet und Events angekündigt werden. Eine Beobachtungsliste zur Information über Neuigkeiten ist ebenfalls dabei. Facebook lebt natürlich vom Netzwerkgedanken, und so hat man als besonderen Clou den Button „Gefällt mir" integriert. Jeder, der eine Seite findet, die er für besonders lesens- bzw. besuchenswert hält, wird mit diesem Button verlinkt. So können andere Leser nicht nur der eigenen Seite folgen, sondern auch weitere interessante und in ähnlichen Themenfeldern angesiedelte Webseiten ausfindig machen. Frei nach dem Motto „Wenn Dir meine Seite gut gefällt, gefallen Dir vielleicht auch meine Empfehlungen" – Mundpropaganda per Mausklick.

Alle Communities funktionieren also als zentrale Anlaufstelle, sozusagen als netzbasierte Kommunikationszentrale, die um verschiedenste Dienste erweiterbar ist und mit allen anderen Anwendungen des Social Web wie etwa Blogs, Video- und Fotoportale sowie Twitter miteinander verknüpfbar ist. Hat man die ersten Kontakte hergestellt und mit der eigenen Datenbank synchronisiert, gilt es, den Kreis der Kontakte stetig zu erweitern. Doch wie kann man dabei auch noch die „richtigen" Personen erreichen? Schließlich ist die Menge der

Und dann noch der Disclaimer ...

Facebook ist bekannt für seinen lockeren Umgang mit den privaten Daten seiner Nutzer und hat nur widerstrebend diverse Regelungsmechanismen in seinen Einstellungen vorgesehen. Nun kann man beispielsweise abstellen, dass das eigene Facebook-Profil bei Google auftaucht, gleich im Verein mit den Portraitfotos aus der Freundesliste. Wer allerdings die Plattform dazu nutzen möchte, seine professionellen Kontakte zu pflegen, der sieht darin vielleicht auch gerade einen Vorteil.

Kontakte nur so viel wert, wie die Menschen, die dahinter stehen, tatsächlich an der eigenen Arbeit und Person interessiert sind. Mit anderen Worten: Wer viele Fans auf seiner Facebook-Seite verbuchen kann, hat noch längstens nicht einen wirklich entscheidenden Schritt für eine wirksame Öffentlichkeitsarbeit getan.

Perfekt für Ankündigungen: Twitter

Das reizvolle an der sparsamen Seite mit dem kleinen Vogel und ihren unzähligen Möglichkeiten, sie via Handy oder Applikation zu benutzen, ist, dass der sogenannte „Tweet" eine Kunstform für sich ist. Die ganze Welt in 140 Zeichen niederzuschreiben ist eine Herausforderung, die bisweilen wunderbare Blüten trägt. Die Kunstszene, trotzdem, ist hier eher schwer und vereinzelt zu finden (Manch Literat hingegen, auch manch populärer, ist dem Twittern als Lebensform geradezu verfallen).

Man kann mithilfe eng verwandter Anbieter sogar Fotos und per Link Hinweise auf alles Mögliche posten. Eine kurz getippte Nachricht zwitschert dann sämtlichen Twitter-Freunden, was es Neues gibt. Trotzdem hat Twitter in Sachen gezieltem Netzwerken einen großen Nachteil: Die Freunde sind schwer zu finden und von den Bildern und Texten ist immer nur das jüngste zu sehen. Das

Zeitraubende jedoch ist es, seine tatsächlichen Bekannten im Netzwerk ausfindig zu machen: Die wenigsten Nutzer twittern unter ihrem Klarnamen, dazu werden Spam-E-Mail-Adressen verwendet, und seine eigentlichen Kontakte muss man sich mühsam über die Freundeslisten von Bekannten zusammenbasteln. Und wenn man dann jemandem „folgt", sprich: Seine Nachrichten mitliest, ist noch lange nicht gesagt, dass der Verfolgte im Gegenzug auch auf „Follow" klickt. Stattdessen tun ebendies Unmengen berufsmäßiger Twitterer, die entweder zu erotischen Kontakten anregen wollen oder dank hoher Twitter-Vernetzung irgendeinen Internet-Suchmaschinen-Marketing-Benefit für ihre diversen Onlinehändel suchen. Beide nerven und meist blockiert man mehr unnütze Follower, als man sinnvolle in seiner Kontaktliste findet.

Twitter kann jedoch in einer Hinsicht nützlich sein, und zwar in Verbindung mit dem eigenen Blog oder der eigenen Website. Ein Follow-me-Button auf der Seite kann Leser dazu bringen, sich via Twitter über das Erscheinen neuer Nachrichten auf dem Blog informieren zu lassen. Ähnliche Möglichkeiten gibt es auch, den eigenen Blog mit XING, Facebook oder einer Reihe anderer Netzwerke auf diese Weise zu verlinken. Wichtig ist dabei, dass das Verhältnis zwischen Geben und Nehmen ausgewogen ist.

So wird gezwitschert

Wer bei Twitter mitmacht, schreibt Tweets, Textnachrichten bis zu 140 Zeichen Länge. Um das Gezwitscher interessanter Twitterer regelmäßig zu lesen, werden Sie Follower, und wenn Sie regelmäßig Relevantes schreiben, folgt eine Anzahl Menschen vielleicht bald auch Ihren Beiträgen. Wenn die 140 Zeichen für Ihre Nachricht nicht ausreichen, integrieren Sie am besten einen Verweis, z. B. zu Ihrer Website oder zu Ihrem Blog. Falls die Länge des Links die eigentliche Nachricht zu sprengen droht, und das ist bei Deep-Links fast immer der Fall, gibt es kostenlose Dienste im Internet, um die Links zu kürzen (z. B. http://bit.ly oder http://tinyurl.com).

Zusammengefasst:

- Zwitschern Sie mit 140 Zeichen oder setzen Sie Links!
- Folgen Sie anderen und werden Sie selbst verfolgt!
- Empfehlen und verbreiten Sie Informationen!
- Seien Sie interessant und witzig!
- Gestalten Sie Ihre Twitter-Seite individuell mit Ihrer Kunst!

Die wichtigsten Twitter-Eingabebefehle und Begriffe:

@username	=	Reply, Antwort bzw. Nachricht an einen User, für jeden lesbar.
d username	=	direkte Nachricht an einen User, nur für diesen sichtbar.
RT@username	=	ReTweet, Zitieren eines Tweets eines anderen Users.
#Begriff	=	ordnet Tweets einem bestimmten Thema zu, ähnlich wie Tags.
Follower	=	User, die Ihre Nachrichten abonniert haben.
Entfolgen	=	Kündigen von Nachrichtenabonnements.

Verknüpfen Sie Ihre Web-Aktivitäten mit Facebook

Auf Facebook gibt es die Anwendung „NetworkedBlogs". Sie bietet die Möglichkeit, das eigene Blog automatisch mit dem eigenen Facebook-Account, einer Facebook-Fanpage UND gleich mehreren Twitter-Accounts zu verknüpfen. Die Anwendung ist über die Suchfunktion zu finden und einfach einzurichten. Entscheidet man sich dafür, die Blogbeiträge automatisch im Profil posten zu lassen, so lässt sich ebendort auch ein Reiter für dieses Blog einrichten, auf dem fortan sämtliche Blogeinträge angerissen sind. Bei Klick auf „Mehr" leitet Facebook den Leser allerdings auf den ursprünglichen Blog weiter, was dort für Leserzahlen sorgt. Genauso verfährt NetworkedBlogs mit einer Fanpage, die man seinem Blog ebenfalls auf Facebook einrichten kann. Hat man einen neuen Beitrag auf dem Blog veröffentlicht, braucht man nichts weiter zu tun, aber die Anwendung lässt die Meldung über den neuen Artikel sowie einen Anriss auf der Facebook-Seite erscheinen. Neugierige Leser werden dann an das Blog weitergeleitet. Und auch in Hinsicht auf Twitter ist NetworkedBlogs fleißig: Jeder neue Blogbeitrag erhält automatisch einen Tweet auf die verknüpften Twitter-Accounts, der aus dem Beitragstitel und einem Link zum Post besteht. Das unterstreicht noch einmal die Wichtigkeit eines guten Titels für jeden Kurztext: Er muss gleichzeitig informativ sein und die Neugier auf mehr wecken.

Wie überall in den Social Media ist Werbung auch in eigener Sache bei den meisten Nutzern verpönt. Deshalb sollten Sie darauf achten, Ihre Follower nicht mit Spam zu überschütten, sondern suchen Sie eine möglichst authentische Kommunikation mit intensiven Dialogen. Sehen Sie Twitter eher als ein Werkzeug aus der großen Werkzeugkiste für die Arbeit mit dem Internet.

Beteiligen Sie sich selbst am „Gezwitscher" und lenken Sie die Gespräche in Ihre Richtung, indem Sie auf einen Tweet reagieren oder etwas zu einem Thema schreiben, das Ihnen wichtig ist. Dabei ist es nicht entscheidend, ständig zu tweeten, sondern – und das ist ein immer zu wiederholender Grundsatz – auf Qualität kommt es an. Entwickeln Sie ein Gespür dafür, was andere Menschen an Ihrer Arbeit und an Ihnen interessieren könnte! Weisen Sie z. B. inklusive Link auf einen Blogpost hin, den Sie diskutiert wissen wollen. Stellen Sie Projekte befreundeter Künstler oder eine Projektidee vor, für deren Umsetzung Sie noch Mitstreiter suchen. Auch die Eröffnung der eigenen Ausstellung ist sicher einen Tweet wert.

Auf Schatzsuche bei Twitter

Weil bei Twitter jeder jeden über alles auf dem Laufenden halten kann, kommen täglich Abermillionen Kurznachrichten dabei heraus. Ein großes Rauschen könnte das Ergebnis sein. Aber mit ein bisschen Schatzsuchermentalität, am besten gemeinsam mit dem privaten Netzwerk, lassen sich echte Perlen bei Twitter finden. Solche Perlen können die Tweets befreundeter Kreativer sein. Auch so manche Kulturinstitution schreibt auf Twitter. Viele Menschen schreiben über interessante und anregende Themen.

So sieht eine typische Twitterseite aus (Screenshot)

Man muss sie nur finden. Hilfreich sind dabei zahlreiche Suchfunktionen bei Twitter. Sie können ganz gezielt nach Personen, Institutionen und Unternehmen oder mithilfe der Hashtags nach Ihrem Thema suchen. Schlagwörter werden bei Twitter als Hashtags (hash = englisch für Raute) in den eigentlichen Text integriert. Und so werden sie geschrieben: #ausstellung. Über die Suche können Sie sich die Tweets zu jedem beliebigen Schlagwort anzeigen lassen. Auf diese Weise finden Sie sicher Twitterer, denen Sie zunächst einfach folgen. Das ist eine gute Möglichkeit festzustellen, ob Twitter etwas ist, um mit Ideen, neuen Projekten, Ausstellungen etc. an die Öffentlichkeit zu gehen.

Auch ohne die Library of Congress vergisst Twitter bisher nichts: zwar lassen sich Tweets aus der eigenen Timeline löschen und erscheinen dann nicht mehr bei Aufruf des Profils. Diese Datenleichen sind aber später über die Suchfunktion trotzdem noch aufzufinden. Twittern Sie also nichts, was Sie später bereuen könnten.

Auf all diesen und anderen Plattformen gilt es, eine Form der richtigen Dosierung zu finden. Natürlich ist es schön, sich eine persönliche Note zu geben und beispielsweise auf Facebook einmal ein YouTube-Video einzustellen, das einem gefällt. Auf XING auf neue Aktivitäten auf der Webseite zu verweisen oder das Forum einer Gruppe zu kommentieren. Auf Twitter einen originellen Kalauer zu reißen. Ein kleines bisschen Auffallen und Sympathien wecken ist gut. Weniger gut ist es, auf sämtlichen Kanälen ständig seine Mit-Onlinemenschen zu befeuern.

Zwitschern für die Ewigkeit

Wer twittert, zwitschert für die digitale Ewigkeit – denn sämtliche seit dem Twitter-Start im März 2006 verschickte Tweets – inzwischen mehr als 50 Millionen täglich - werden von der amerikanischen Nationalbibliothek archiviert. Zum Einen dient das dazu, historisch wertvolle Nachrichten wie beispielsweise diejenigen Barrack Obamas zu erhalten. Zum Anderen sollen Forscher künftig auch aus den alltäglichen Belanglosigkeiten Wissenswertes über politische Stimmungen, die Verbreitung von Neuigkeiten und die Bildung einer öffentlichen Meinung herauslesen können.

Zurückhaltung kann schwierig sein: Die ununterbrochene potenzielle Präsenz von Publikum verleitet Einzelne dazu, ununterbrochen ihr aktuelles Befinden kundzutun. Wer derart die Timeline seiner Bekannten füllt, läuft Gefahr, dass das virtuelle Gegenüber beispielsweise auf Facebook auf den „Verbergen"-Button klickt. Dann bleibt zwar der Kontakt bestehen, die Statusmeldungen werden jedoch einfach nicht mehr angezeigt. Und wenn man dann wirklich einmal eine Einladung postet, kriegt das längst keiner mehr mit. Halten Sie sich also dabei zurück, alle ihre Kinderbilder auf Facebook einzustellen. Kommentieren Sie auf Twitter nicht jedes Wetter – die anderen haben es ja auch. Und wenn Sie häufig in ihrem XING-Profil nachbessern, schalten Sie die Benachrichtigungen darüber ab, damit den Bekannten nicht jedes Mal kundgetan wird: XY hat unter „Ich suche" eingetragen: Doppelkopfpartner.

Auch umgekehrt werden Sie feststellen, dass unter all den Reaktionen und Kommentaren und Kontaktanfragen, die Sie ereilen, sich neben den Erwünschten auch die Schwierigen befinden. Der Typ, der schon einst in der Mensa ständig ungefragt am Tisch saß, wird auch online jedes einzelne Bild kommentieren, dass sie hoch laden. Derjenige, der auch im echten Leben immer der letzte auf jeder Party ist, wird rund um die Uhr Videos

seiner Lieblingssongs auf Facebook posten. Freunde, die immer nur dann anrufen, wenn sie Kummer plagt, werden ihre Melancholie auch in der Statusmeldung auswalzen. Und in ihrem Postfach werden Sie Einladungen und Newsletter finden, die Ihre Onlinebekannten nun auch an Sie versenden, und werden eventuell nun länger Zeit benötigen, um die Post zu sortieren. Falls hartnäckiges Nicht-Reagieren auf Kommentare oder Posts nicht dazu beiträgt, dass Ruhe einkehrt, dann gibt es immer noch die Möglichkeit, Aktivitäten der anderen auszublenden, virtuelle Kontakte auch wieder zu beenden oder sogar zu blockieren, oder den anderen per PN (persönlicher Nachricht) um Zurückhaltung zu bitten. Der Trost: All das zeigt, dass das virtuelle Leben dem echten eben doch sehr eng verwandt ist. Daran teilzunehmen, ist einfach nur eine weitere Facette.

Broadcast Yourself oder YouTube!

Vielleicht ist es dem Drang zur Selbstdarstellung zu verdanken, dass YouTube eine derartige Erfolgsgeschichte im Web 2.0 schreiben konnte; unter den Videoportalen war und ist YouTube mit Abstand der bekannteste Anbieter und folgt ganz dem Prinzip eines erfolgreichen Social Network. Das 2006 von Google übernommene Portal bietet dabei alle erdenklichen Möglichkeiten, Film-

und TV-Mittschnitte, Musikvideos und private Videos anzusehen und selbst hochzuladen. Jeder Internetnutzer kann auf YouTube ein kostenloses Konto anlegen, Videos veröffentlichen und als Favoriten speichern. Die Favoritenliste können wiederum andere Nutzer einsehen, und, je nach Einstellungswunsch für andere Nutzer sichtbar oder verborgen sein. Gänzlich ohne besondere technische Voraussetzungen (bis auf den herkömmlichen kostenlos herunterladbaren Adobe Flash-Player) lassen sich die Filme und Videos online als Stream betrachten. Auch kann man seine eingestellten Videos durch das Kopieren temporärer Dateien sichern und archivieren. Dabei haben die Nutzer mit der Kommentarfunktion die Möglichkeit, direktes Feedback zu geben. Durch die Angabe, wie häufig ein Video betrachtet wurde, und durch die Bewertungsmöglichkeit durch andere Benutzer lassen sich Mehrheiten zu Themen bzw. Beliebtheiten erkennen. Ein weiterer Punkt ist die technisch äußert einfache Einbindung in andere Social Networks, die jederzeit durch Verlinkung auf die jeweils auf YouTube abgespeicherten Daten zugreifen können. So ist beispielsweise das Integrieren von Filmmaterial auf die eigene Homepage oder das eigene Blog denkbar einfach und unkompliziert.

Nicht nur für Videokünstler und Filmemacher ist YouTube nahezu unumgänglich, sondern verstärkt auch für andere Künstler, die das filmische Medium für ihre eigene PR-Arbeit verwenden. Sei es ein Video der letzten Vernissage, ein Interview mit dem Kurator oder ein filmischer Einblick in die künstlerische Arbeit. Das Vernetzungspotenzial ist riesig, und die Möglichkeit, über diesen Kanal weitere Besucher zu gewinnen und neue Kontakte zu erschließen, äußerst interessant. Sehen Sie YouTube als eine weitere Möglichkeit, sich und Ihre Kunst ins rechte Licht zu rücken. Sie können damit ein weiteres Medium nutzen, dass hervorragend vernetzt und frequentiert wird. Auch wenn Sie bisher keine Filme für die Vermarktung Ihrer Kunst in Betracht gezogen haben, sollten Sie sich zumindest einen Eindruck verschaffen, welche und wie viele Künstler auf ihren Homepages einen Filmbeitrag integriert haben. Sie werden staunen!

YouTube selbst hat natürlich auch schon längstens die Künstler als wichtige Rezipienten und Kunden entdeckt und kürzlich gemeinsam mit dem berühmten Guggenheim-Museum in New York einen Kunstwettbewerb ausgeschrieben. Unter dem Titel „YouTube Play: A Biennial of Creative Video" werden alle zwei Jahre Künstler um Beiträge gebeten; den Gewinnern winken Ausstellungen in NY und allen Guggenheim-Fillialen. Der erstmalige Aufruf 2010 brachte über 23.000 Uploads aus über 91 Ländern.

Videos und Filme als Kunstform: Vimeo

Vimeo ist ein 2004 gegründetes Videoportal für nicht-kommerzielle Filme, die ausschließlich von Personen hochgeladen werden, die an der Produktion der Videos maßgeblich beteiligt gewesen sind. Der Name ist eine Akronym und spielt mit den Begriffen „Movie", „Video", und dem Wort „me" (deutsch: „ich"). Vimeo versteht sich als Community und kann demzufolge als solche bestens genutzt werden. Auf einer ästhetisch sehr ansprechenden Web-Oberfläche ermöglicht es den Nutzern, Filme und Videos in hervorragender Bildqualität hochzuladen. Spiegel Online betitelte Vimeo gar als „YouTubes schöne Schwester" (18.4.2009, Spiegel online). Die Einteilung in bestimmte Kategorien erlaubt es den Nutzern, ihre Arbeiten zielgenau einzuordnen. Für Künstler bietet sich die Kategorie „Kunst" an, die u.a. Videokunst, Ausstellungen, Grafik, Design, zeitgenössische und experimentelle Kunst beinhaltet. Hier zeigen sowohl Trickfilm-Künstler ihre Werke wie angehende Filmer ihre ersten Gehversuche oder Videokünstler ihre aufwändig produzierten Aufnahmen. Es gibt zudem Foren, in denen sich die Filmemacher austauschen und die jeweiligen Werke besprechen können. Vimeo unterstützt die Creative Commons, die erweiterte Lizenzformen für die Nutzung des eingestellten Film- und Videomaterials ermöglichen (Siehe Kapitel „Mit Creative Commons teilen, sampeln und bekannt werden", S. 77 ff)

Neben YouTube und Vimeo ist auch Sevenload eine weitere geeignete Plattform, um Videomaterial zu hosten und zu verbreiten. Allen Anbietern ist gemein, kostenlose bzw. sehr preisgünstige technische Voraussetzungen zu bieten und diese mit jeweils sehr effizienten Social Networks zu verbinden. Wer seine Videos und Filme auf diese bekannten Video-Sharing-Plattformen hochlädt, spart nicht nur Geld bei seinem Web-Hoster, sondern erreicht ein riesiges internationales Publikum, mit dem per Kommentarfunktionen, Favoriten und Empfehlungen vielfältige Vernetzung und Kontakte möglich sind .

Das digitale Fotoalbum: Flickr

Flickr verbindet das Bereitstellen von Fotos mit Netzwerkkomponenten. Wer seine Bilder auf dieses Dienstleistungsportal hochladen will, kann mit Kommentar- und Notizfunktionen mit anderen Nutzern in Kontakt treten. Neben dem herkömmlichen Hochladen über die Website können Fotos auch per E-Mail oder vom Mobiltelefon aus auf Flickr übertragen und mit anderen Anwendungen im Social Web verlinkt werden. Das Hochladen von Fotos ist bei Flickr bis zu einer Größe von 100 MB Speicherplatz pro Monat kostenfrei, für Mehrbedarf gibt es einen kostenpflichtigen Pro-Account. Flickr-Nutzer vernetzen sich auch als Community und binden von hier aus Fotos einfach in andere Systeme ein, zum Beispiel als Album in Blogs. Dabei gibt es die Möglichkeit, Fotos in Kategorien zu sortieren, in sogenannte Themenpools zu geben, die eine Stichwortsuche (Tags) ermöglichen. Flickr dient somit neben den kommunikativen Aspekten auch als perfekte Fotodatenbank. Ein weiterer Vorteil: Auf sehr ästhetisch ansprechende Weise können die hochgeladenen Fotos in Fotostreams präsentiert werden, die andere Benutzer ansehen und kommentieren können. Darüber hinaus steht eine Vielzahl von RSS-Feeds zur Verfügung, mit deren Hilfe die Darstellung und Verlinkung auf anderen Social Media-Anwendungen möglich ist. Auch bietet Flickr eine spezielle Suchfunktion, um Bilder mit Creative Commons-Lizenzen zu suchen, die dem Benutzer eine Weiterverarbeitung gestatten.

Ein weiterer Anbieter für die Verwaltung von Fotos auf der Basis eines Social Networks ist auch Picasa. Die Google zugehörige und ebenfalls kostenfreie Bild-archivierungs und -verwaltungssoftware, bietet die Möglichkeit, Bilder nicht nur in Ordnern, sondern auch in so genannten Alben zu organisieren. Diese erlauben eine thematische Sortierung der Bilder.

Kleines Flickr-ABC

- Sie können ausgewählten Personen erlauben, Kommentare zu Ihren Bildern zu hinterlassen.
- Sie können Notizen zu Ihren Fotos, Erklärungen oder Kommentare abgeben.
- Sie können Ihre Lieblingsfotos als Favoriten kennzeichnen, um sie später einfach wiederfinden zu können. Auch können Sie dann sehen, wer Ihre Fotos als Favorit gekennzeichnet hat.
- Zu Ihrer Information und damit andere sehen können, was Sie veröffentlicht haben, können Sie Personen zu Ihren Fotos hinzufügen.
- Mit dem Hinzufügen von Tags (Schlagwörter) können Sie Ihre Fotos kategorisieren und anderen die Suche danach erleichtern.

Social Media gehört zum professionellen Portfolio

Mareen Fischinger ist 26 Jahre alt und seit Ende der 90er Jahre an allem interessiert, was das Thema Fotografie berührt. Bereits während ihres Studiums des Kommunikationsdesigns an der FH Düsseldorf arbeitete sie professionell als Fotografin. Themen u. a.: Mode, PR, Reportage. Mareen Fischingers Arbeitsplatz kann überall sein, Basis ist ihr Studio in Düsseldorf-Flingern. Um ihre Arbeit bekannt zu machen und für sich zu werben, nutzt die Fotografin viele verschiedene mediale Ausdrucksformen im Internet. Sie betreibt – auf englisch und auf deutsch – mehrere eigene Websites, verfasst Blogs, schreibt an anderen Blogs mit, produziert Videos über ihre Arbeit und verbreitet sie über Videoportale. So gibt es z. B. bei Vimeo ein ausführliches englischsprachiges Film-Interview zur Entstehung ihrer Panografien, die im Frühjahr 2010 in der Pariser Galerie Bailly Contemporain zu sehen waren.

Du fotografierst seit einigen Jahren professionell zu vielen verschiedenen Themen – werblich und künstlerisch – und dokumentierst deine Arbeit und einen Teil deines Lebens mithilfe verschiedener sozialer Medien ausführlich im Internet. Wann hast du beschlossen, das Internet für dich zu nutzen?

Sobald es Internet und E-Mail für alle gab, war ich dabei. Und 2000, in meinem Austauschjahr in den USA, wollte ich von dort berichten, am liebsten unkompliziert über's Internet und ohne selbst was programmieren zu müssen. Angefangen habe ich unter einem Nickname mit Open Diary. Ich habe immer erzählt, was mich gerade interessierte. Dann bin ich 2002 zur Plattform Blogger gewechselt, aber die war mir zu langsam. Also habe ich zusammen mit einem Freund eine abgespeckte Version davon selbst programmiert und 2003 in Betrieb genommen. Als ich anfing, mit meiner ersten digitalen Bridge-Kamera – mit 5 Megapixeln – zu fotografieren, dachte ich: „Jetzt habe ich schon so tolle Bilder, die will ich auch zeigen." Deshalb ab 2004 mein erster, wieder selbst programmierter Fotoblog, in den ich täglich gepostet habe. Über diesen Blog hat mich mein erster großer Kunde gefunden. Seit 2007 veröffentliche ich meine Fotos und andere Posts auf meinem Tumblelog.

Erst reine Privatsache, jetzt stärkere berufliche Akzente. Was macht deinen Blog inzwischen aus?

Sicher keine Nabelschau im Sinne von: „Heute hab ich Sushi gegessen", sondern mein Blog ist eher eine Sammelstelle für Fotos, Ideen, Musik und Meinungen. Kein Tagebuch im engeren Sinne, aber schon eine Mischung aus Privatem und Beruflichem, wenn ich z. B. über meine Teilnahme an der Nacht der Museen in Düsseldorf blogge. Von meiner Arbeit zeige ich generell nur Ausschnitte, hin und wieder mal ein Making-of-Foto. Ich fokussiere auf die interessantesten Aspekte. Manchmal wird auch aus einem zuerst ganz privaten Blog-Eintrag etwas Berufliches – wie bei einem Audio-File mit cooler Musik aus Russland. Vielleicht setze ich das Stück demnächst auf einem Making-of-Video ein.

Gibst du vielleicht zuviel Persönliches preis?

Ich biete nur Bruchstücke an. Projekte, daily routine, Puzzlestücke. Was ich einem Bekannten erzählen würde. Bei denen ist ja auch unklar, was die mit meiner Info machen. Ich achte darauf, explizite Daten und Beziehungsgeflechte nicht herauszugeben. Und ich gehe Skandalen und diffamierenden Aussagen aus dem Weg.

Inzwischen nutzt du viele Möglichkeiten des Web 2.0. Über welche Kanäle der sozialen Medien sendest du zurzeit?

Hauptsächlich über meinen Tumblelog bei Tumblr und Facebook, das ich z. B. für die Ankündigung von Events einsetze. Dort bin ich auch Gründerin einer Gruppe von professionellen Fotografen. Außerdem nutze ich: Flickr, XING, Vimeo, Seenby, Foursquare und als Ratgeberin das Fotoforum snpsht.com. Und dann habe ich noch meine Portfolio-

Site. Die ist am statischsten, auch wenn ich sie alle drei Wochen aktualisiere.

Profitierst du beruflich von deinen Netzaktivitäten?
Ich habe es mit meinen Veröffentlichungen nicht in erster Linie darauf angelegt, dass ich Arbeiten verkaufe. Aber es kommen schon einige Leute über das Internet auf mich zu, manchmal wegen einzelner Prints. Aber auch Galerien und neue Kunden melden sich bei mir. Oft haben die meinen Blog über einige Zeit verfolgt und wissen schon ziemlich viel über meine Arbeit. Das erleichtert den Kontakt enorm. Ich weiß einfach von vornherein, dass sie meine Art der Fotografie schätzen.

Wie nutzt Social Media deinem beruflichen Leben noch?
Ich finde alle meine Netzaktivitäten wichtig für meine Kredibilität. Ich zeige mein Portfolio, meinen Standpunkt und pflege ein großes und tragfähiges Netzwerk. Außerdem ist es ideal für Croudsourcing: Wenn mich ein Prozess bei der Arbeit am Rechner frustriert, schreibe ich darüber. Dann kommen immer wieder konstruktive Reaktionen. Programmierer melden sich, lassen sich das Problem schildern und machen sich dann an die Lösung.

Welche Rolle spielen für dich die sozialen Medien beim Aufspüren neuer Trends, z. B. in der Fotografie?
Ich beobachte, was gerade aktuell ist und wie die Sachen ankommen, die ich selbst mache. Und es fällt mir auf, dass oft viel Zeit verstreicht – manchmal ein Jahr – bevor eine Idee aufgegriffen und für ein breites Publikum umgesetzt wird, z. B. in Form von Werbung.

Die Schnelligkeit des Mediums sorgt für ständig neue Ideen. Überfordert es dich manchmal, dass du dich ständig inspirieren lässt?
Man wird schon leicht wahnsinnig. Aber oft entstehen aus einer guten Idee ganz schnell neue Projekte. Ich fange sofort an, E-Mails zu

schreiben und die Leute zusammenzutrommeln. Ideen, die ich abspeichere und für später aufhebe, verwerfe ich meistens.

Du arbeitest international – wo siehst du die Unterschiede bei der Nutzung der sozialen Medien im Ländervergleich?
In den USA ist alles lockerer. Die Auftraggeber, die meistens jünger sind als in Deutschland, und die Künstler gehen unverkrampfter an die Sache. Der „konservative" deutsche Künstler macht sich zu lange Gedanken für das schnelle Internet, denkt vielleicht, das Publikum hätte eine bestimmte Erwartungshaltung. Und das Copyright wird leichter genommen, sobald die Kontinentgrenzen überschritten werden.

Ist die Kommunikation deiner Arbeit übers Internet und Social Media als Marketing zu begreifen?
Ich habe meine Netzaktivitäten nie als Marketing betrachtet, auch wenn ich natürlich um die werbliche Wirkung weiß. Aber ich versuche nicht, Dinge schönzureden, Mist gut aussehen zu lassen. Mein Marketing ist eher beiläufig, weil ich will, dass die Leute wissen, was ich mache – eine Vernissage, eine neue Bilderserie... Aber es ist schon so, dass ich alles kontrolliere, was von mir rausgeht. Für die Vernissage der Panografie-Ausstellung habe ich z. B. meine Einladungskarten selbst gestaltet. Keine Postkarte, sondern ein Faltblatt, das durch seine spezielle Faltung das Thema „Panografie" aufgegriffen hat. Außerdem wollte ich, dass die Farbe nicht verschossen ist und die Typografie stimmt.

Fotografische Arbeit plus Blogs, soziale Netzwerke und Portfolio-Site. Wie sieht ein typischer Arbeitstag bei dir aus?
Zum Kaffee erste E-Mails. Mitarbeiter und Praktikant kommen, dann vielleicht ein Shooting mit Vor- und Nachbereitung. Zwischendrin organisatorische Dinge, Portfolio-Site ergänzen, Blogpflege. Wenn wir unterwegs sind, bin ich gerne Beifahrerin, dann kann ich nämlich tausend E-Mails beantworten. Oder ich blogge schnell ein Bild, das

ich cool finde, von unterwegs. Ich schreibe nie länger als zehn Minuten an einem Post, manchmal sind's auch nur zwei Sekunden. Ich bereite nicht ewig lange etwas vor, speichere einen Entwurf und überarbeite den wieder und wieder. Ich arbeite beispielsweise mit einer Online-To-Do-Liste. Da schreibe ich rein, wem ich noch eine Rechnung schreiben muss, aber auch, wenn ich zu einem bestimmten Zeitpunkt etwas bloggen will.

Social Media mit Erfolgsgarantie? Wie stellst du fest, ob die Kommunikation deiner Arbeit erfolgreich ist?
Ich werte die Besuche auf meinen Websites aus. Meinen Tumblelog z. B. haben 9000 Leute abonniert (Stand: Mai 2010). Auch das inhaltliche Interesse an meiner Diplomarbeit ist groß, die ich auf meiner Portfolio-Site veröffentlicht habe. Ich beobachte die Medien allgemein – auch Zeitungen und Zeitschriften – und die Bildagentur-Verkäufe. Wenn neue Kunden ihre E-Mails damit beginnen, dass sie meinen Blog schon länger verfolgen, werte ich das auch als Erfolg.

Social Media wird zurzeit als eine Art Werbe-Wundermittel für alle angepriesen.
Wenn große Unternehmen plötzlich wie eine Person agieren, wirkt das eher gezwungen. Sich als Organisation darzustellen ist okay, wenn Kunden dadurch auf Aktionen etc. aufmerksam gemacht werden oder ihnen ein besserer Service geboten wird. Das ist nur glaubwürdig, wenn es ein Stream ist, der nicht abreißt, wenn das Unternehmen sich dauerhaft engagiert.

Gilt das auch für Galeristen, Museen und andere Beteiligte am Kunstbetrieb?
Auf jeden Fall! Meine Galerie und auch meine Bildagenturen haben Blogs und machen bei Facebook mit, wo sie z. B. zu ihren Events einladen. Sie mischen sich vielleicht unter die Neueröffnung eines Ladens in der Nachbarschaft und machen auf neue Arbeiten auf der Website

aufmerksam. Ganz wichtig: bloß keine unpersönlichen Massen-Mails verschicken. Das ist Spam!

Und Künstler – können sie mit Social Media auf sich aufmerksam machen?

Sie sollten ihre Arbeit kommunizieren wollen. Ein echtes Mitteilungs-bedürfnis ist Voraussetzung. Und eine eigene Meinung sollten sie haben. Ihr Stream muss gleichzeitig konsistent und spontan sein. Und ungezwungen – bloß nicht zu bedacht an die Sache rangehen.

Was heißt das eigentlich – im Stream bleiben?

Mir ist es wichtig, als Künstlerin dauerhaft Statusmeldung zu geben. Damit ist nicht gemeint, dass ich alles, was ich mache, blogge, sondern in regelmäßigen Abständen von mir hören lasse: Zeige, dass ich nicht in der Versenkung verschwunden bin oder von meiner Berufung ge-langweilt. Es ist also ratsam, sich einen ungefähren Turnus auszu-denken und beizubehalten.

Das können halbwöchentliche, wöchentliche oder sogar monatliche Updates sein. In dem Moment, an dem ich merke, dass ich nicht (mehr) am Puls der Zeit bin, ziehe ich mich möglicherweise zurück in meine eigene Blase und erwarte, dass ich sowieso nicht mithalten kann. Das ist ein Gefühl, von dem ich Abstand zu halten versuche.

Und die Künstler, die sich im Hintergrund wohler fühlen?

Hoffentlich ist jeder Künstler extrovertiert. Und selbst wenn sie als Menschen still sind, wollen sie mit ihrer Kunst ja etwas kommunizieren. Egal wie subtil die Nachricht ist, die das Bild vermittelt, oder wie still es gemalt ist, und wenn es fünf Jahre gedauert hat, dann muss man doch sagen: Guckt, das habe ich gemacht, z. B. auf einer eigenen kleinen Website oder in einem Blog. Es hilft ja nichts, wenn man seine Bilder im Keller einschließt.

Du hast als Fotografin eine besondere Affinität zum Medium. Die digitale Fotografie ist ohne das Internet nicht denkbar, und umgekehrt gilt das auch. Wie können andere Künstler vorgehen, Maler oder Bildhauer?
Die brauchen natürlich als erstes gute Abbildungen von ihren Arbeiten. Eine Skulptur wirkt ja dadurch, dass ein bestimmter Schatten entsteht. Man muss also das Licht richtig setzen und eine interessante Perspektive finden. Der Maler muss sein Bild sehr scharf fotografieren, und ganz wichtig: Die Farben müssen stimmen. Darin können sie sich als visuelle Menschen selbst schulen, oder sie fragen jemanden, der sich damit auskennt.

Wo zeige ich die Fotos?
Im eigenen Blog. Es gibt kostenlose Blog-Software, mit der ich ganz einfach eine eigene Website einrichten kann, völlig ohne HTML-Kenntnisse. Und dann muss eine gute Domain her, am besten der eigene Name. Für das Design kann man aus vielen verschiedenen Templates das auswählen, was einem am besten gefällt, oder sich ein eigenes gestalten. Dort kann man auch sein Portfolio und seine eigene Arbeit chronologisch darstellen. Was ich gut finde: große Bilder einfach hintereinanderweg zu zeigen. Zusätzlich kann man noch einen kleinen Text „Über mich" schreiben, seine Kontaktdaten angeben und natürlich das Impressum. Das ist Pflicht.

Die eigene Domain ist wichtig?
Ja, denn von dort kann ich auf alles Mögliche verlinken, z. B. auf meinen Tumblelog. Egal was ich dahinter schalte, ich werde immer über meine Domain erreichbar sein.

Der Künstler hat jetzt sein Weblog und eine Portfolio-Site. Was ist mit Facebook und anderen Social Media-Plattformen?
Ich nutze vor allem Facebook für Arbeit und Freunde. Und dort nehme ich niemanden in meine Kontaktliste auf, den ich nicht kenne. Ich

schreibe ausdrücklich: „Bitte füge mich nicht hinzu, wenn du mich nicht kennst!". Mir reicht es bei einer Kontaktaufnahme nicht, wenn einer schreibt, dass er meine Arbeit mag. Das genügt mir nicht. Aber wenn sich jemand meldet, der Ausstellungen organisiert oder selbst aktiv Projekte vorantreibt, wird's interessant. Den Kontakt füge ich hinzu, muss ihn aber unbedingt taggen. Damit ich später noch weiß, mit wem ich es zu tun habe, wenn er sich meldet. Zusätzlich habe ich unterschiedliche Listen eingerichtet, über die ich Privates von Beruflichem trennen kann. Damit lege ich fest, wer wie viel von mir zu sehen bekommt.

Um sich an einem sozialen Netzwerk zu beteiligen, braucht es also Zeit und auch ein bisschen Überlegung.
Und ein gutes Bild! Keins am Strand, mit dem Handy des Freundes gemacht. Es sollte schon ein Bild sein, dass das eigene Image unterstützt. Dann kann ich das, was ich bei Facebook mache, sehr gut mit meinem Blog und meiner Portfolio-Site verknüpfen.

Sehr viele Leute versuchen, mithilfe der sozialen Medien „berühmt" zu werden. Wie ist das Besondere aus dem Grundrauschen des Internets herauszuhören?
Grundrauschen ist für mich dieses „Guckt mal, was ich heute wieder Langweiliges gemacht hab!" und diese ewigen Wiederholungen von irgendwelchen Clips. Ich will mit einer guten Idee auffallen. Ich wähle sehr gut aus, wem ich folge, greife Vorschläge aus meinem Netzwerk auf. Und mir geht es nie ums laute Schreien. Dass man mich ernst nimmt und sogar um Rat fragt, ist einfach mit der Zeit gekommen.

Wie kann es also gelingen, Gehör zu finden?
Immer im Stream bleiben. Mit einem langen Atem und lustigen oder krassen Aktionen, am besten in Projekten mit anderen zusammen. So vergrößert sich langsam der Kreis.

Hier trifft man sich:
Kunst-Communities

Häufig kostenfrei oder mit einem nur geringen Beitrag verstehen sich Kunstportale als interaktiver Treffpunkt für Künstler und Kunstinteressierte. Hier kann jeder seine Kunstwerke ins Netz stellen und sich Öffentlichkeit verschaffen. Da all diese Portale ebenfalls auf dem Netzwerkgedanken basieren, kann man schnell Kontakte knüpfen, miteinander kommunizieren und sich über die verschiedensten Genres und die dazugehörigen Szenen austauschen. Unter den zahlreichen Kunstportalen besitzt jede Plattform einen ganz eigenen Charakter, der sich aus dem jeweiligen Design, den spezifischen Funktionen und nicht zuletzt den Nutzern ergibt. In der Regel können sich Künstler mit einigen Bildern darstellen und auf die eigene Website verweisen. Darüber hinaus bieten Foren und Kommentarmöglichkeiten eine besondere Chance für die interaktive Nutzung. Mitmachen ist angesagt! Doch Vorsicht – machen Sie sich einen genauen Eindruck von der angebotenen Qualität. Dafür bedarf es einer gewissen Zeit für die Recherche, um die Spreu vom Weizen zu trennen und die für das eigene künstlerische Profil geeignete Plattform zu finden: Es gibt eine Vielzahl an Künstler-Plattformen. Artcafé.de, Kunstnet.de, Kunstflur.com, Kunstplattform.de, Grafikboerse.de, xarto.com; die Suchmaschinen spucken eine nicht enden wollende Flut von Präsentations- und Vernetzungsmöglichkeiten aus.

Und damit beginnt auch schon deren erstes Dilemma: Die Vereinzelung. Viele der Plattformen entpuppen sich bei näherem Hinsehen als relativ verwaist und nur von einer Handvoll Künstler bespielt. Andere glänzen mit deprimierendem Dilettantismus sowohl in Optik und Sortierung der Seite als auch in der künstlerischen Nachbarschaft. Plattformen, die reich an Mitgliedern sind, deren öffentliche Forendiskussionen aber größtenteils beim gegenseitigen Lob für naturalistische Pferdezeichnungen hängen bleiben, sind kein Ort, wo ein professioneller Künstler seine Realkontakte findet und sein Netzwerk pflegen kann. Auf anderen Plattformen findet man sich in Sparten sortiert und steht plötzlich als Maler zwischen einem Bodypainter und einem Trapezkünstler – diese Seiten sind für Eventmanagement im Kleinkunstbereich eventuell hilfreich, für das Kunst-Netzwerk sicherlich nicht. Wichtige Kriterien, nach denen Sie entscheiden können, sind beispielsweise die Anzahl der registrierten Künstler (ab 20.000 Künstlern wird's interessant), die repräsentierten Sparten und ein ansprechendes Design der Webseite. Haben Sie schließlich die Wahl getroffen, können Sie sich mit Künstlern und Kunstinteressierten austauschen, präsentierte Werke besprechen oder auch Fragen zu bestimmten Techniken und neuen Verfahren in die Diskussion bringen. Eine Art internationales Künstler-Facebook bietet das Londoner Magazin artreview auf artreview.com – in diesem Netzwerk sind über 25.000 Künstler vertreten, die ihre Kunstwerke hochladen und sich untereinander befreunden, weitere sind u.a. saatchi-gallery.co.uk, deviantart.com oder wooloo.rog. Bei diesen und anderen Communities werden zudem auch Wettbewerbe mit Bewertungsmöglichkeit der jeweiligen Arbeiten angeboten.

Der Aspekt der interaktiven Kommunikation ist ein ganz wesentliches Merkmal dieser Portale, die nicht nur einen merkantilen Nutzen für ihre User erzeugen, sondern vor allem eine Vernetzung schaffen wollen. Und das nicht nur unter Künstlern. Schon längst ist es kein Geheimnis mehr, dass Galeristen und Kuratoren diese Portale regelmäßig besuchen und nach Talenten Ausschau halten. Der Vorteil von Kunstpräsentationen unabhängig von der eigenen Website auf Kunstportalen ist auf jeden Fall der, dass Kunstinteressierte hier häufig stöbern und von dem ersten auf den zweiten, dritten und nächsten Künstler kommen.

Durch die starke Frequentierung der Kunstportale stehen diese darüber hinaus meist auf den ersten Ergebnisseiten von Suchmaschinen, und so kann es auch vorkommen, dass künstlerisch völlig Unbedarfte auf einmal auf den Seiten landen. Die Vielfalt der Künstlergemein-schaft auf Kunstportalen stellt einen echten Anreiz für Kunstinteressierte dar. Über ganz allgemeine Suchfunktionen, wie dem Material eines Kunstwerkes, seiner Farbigkeit oder seiner stilistischen Zuordnung können Kunstinteressierte nach Werken suchen. Aber nicht nur für Sammler und pozentielle Kunstkäufer sind diese Seiten interessant, sondern auch für die Künstler selbst, die hier einen Überblick über das Kunstschaffen generell gewinnen können.

Kunst live: Vernissage TV, Cast your Art, artsite.tv u.a.

Es war also nur eine Frage der Zeit, bis das Thema Kunst-TV für das Internet entdeckt wurde. Die rasante Entwicklung des Social Web in den letzten Jahren und die damit einhergehende, enorm und stetig wachsende Rezipientenschar in nahezu allen Altersgruppen machen das Medium auch für Künstler äußerst interessant. Es lassen sich auf diesem Wege die verschiedensten, auch neuen Zielgruppen generieren, Netzwerke können gebildet und ausgebaut werden, Informationsaustausch kann schnellstmöglich erfolgen. Die Kunstwelt lebt nicht nur von der Kunst, sondern auch von ihren Veranstaltungen, den Events. Nicht nur, dass die Arbeiten in ihrem Ausstellungsraum eine Wirkung erzielen, die die bloße Abbildung übersteigt, wichtig ist auch das sich treffen, Sehen und Gesehen werden. Und die Person des Künstlers, auch die ist dem Kunstwerk verbunden und möchte live erlebt werden.

Mit einem Klick auf das 2005 gegründete TV-Projekt Vernissage TV beispielsweise ist man schon dabei. Vernissage TV ist ein von Künstlern, Journalisten und Filmemachern getragenes Internet-TV-Projekt, das Ausstellungen, Ausstellungseröffnungen und Atelierbesuche dokumentiert und Interviews mit den Protagonisten der Kunstszene führt. Kernstück des Projekts sind die unkommentierten und nur vom Originalton begleiteten Beiträge über Ausstellungseröffnungen und Ausstellungen. Auch bei den Interviews und Atelierbesuchen ist dies ein Erkennungszeichen. Die Interviews mit Kuratoren und Eröffnungsreden werden live übertragen oder sind für eine gewisse Dauer als Film abrufbar und interaktiv nutzbar. Die Kamera führt durch die Ausstellungen, vorbei an Besuchern, fängt die Atmosphäre und Gespräche ein, zeigt Künstler in Nahaufnahme. Das zunehmende Interesse der Internetnutzer an diesen Services macht es auch für Kultur- und Kunstveranstalter attraktiver, ihre Veranstaltungen per Video ins Netz zu bringen. Dem kommt beispielsweise das neue Wiener Format CastYourArt sehr entgegen, das neben eigener redaktioneller Berichterstattung seine Leistungen auch als Service für Künstler und Kulturschaffende anbietet. Ähnlich hält es das Kunstfernsehen art-site.tv aus Frankfurt am Main. Die Redaktion berichtet seit März 2007 wöchentlich über Ausstellungen im Rhein-Main-Gebiet mit Ausflügen nach New York, London, Berlin und Tel Aviv. Daneben wird ein zweiter Teil angeboten, in dem sich eine audio visuelle Internet-Community für Kulturinstitutionen und ausgewählte freie Kunst- und Kulturprojekte etabliert. Zu erwähnen ist noch das Webserien-Podcast 3min.de, das unter der Rubrik „Art Talk" diverse Kunstszene-Größen porträtiert.

Von einem gänzlich anderen Konzept getragen, berichtet artsite.tv seit Mitte 2007 wöchentlich aktuell über Kunst- und Kulturveranstaltungen in Frankfurt und dem Rhein-Main-Gebiet; ab Ende 2007 wurde auch damit begonnen, Beiträge aus internationalen Kunststädten zu produzieren – so aus New York, London, Berlin und Tel Aviv. Dieses aktuelle und redaktionell gestaltete Kunstfernsehen im Internet wird von Mitarbeitern mit sehr unterschiedlichem Hintergrund gestaltet. Die Bandbreite reicht von erfahrenen TV-Journalisten, über Kunsthistoriker, bis hin zu Film- und Kunststudenten in höheren Semestern. artsite.tv wird von seinen Gründern als zukunftsweisendes Mischmodell für internetbasierte Medien angesehen: Für das Magazin im TV-Bereich werden demnach die Inhalte von journalistischen Profis redaktionell erstellt. Die so genannte Kultur-Community für das Rhein-Main-

Auf Kunst spezialisierte Social Networks

www.saatchi-gallery.co.uk: Frei nach der eigenen Aussage „show-case your art to thousands of visitors every day" können Künstler in dieser virtuellen Galerie, einem Ableger der berühmten Saatchy Gallery, ihre Werke einem weltweiten Publikum zeigen und an diversen Wettbewerben teilnehmen.

www.castyourart.com: CastYourArt hat sich zum Ziel gesetzt, mit filmischen Beiträgen ein authentischer Berichterstatter der zeitgenössischen Kunst- und Kulturszene zu sein. In Form von Podcasts erscheinen von Künstlern, Kulturschaffenden hier regelmäßig Audio- und Videobeiträge für ein kunstinteressiertes Publikum.

www.wooloo.org: Nach eigenen Angaben ist Wooloo eine nichtkommerzielle internationale Plattform, die Künstler miteinander in Kontakt bringen und den Austausch unter ihnen befördern will. Künstler aller Medien sowie Kuratoren und interdisziplinäre Gruppen sind eingeladen, ihre Werke und Projekte dort zu veröffentlichen. Die Präsentationen können u.a. in Form von Ausstellungen, Wettbewerben oder Projektvorstellungen erfolgen.

www.deviantart.com: deviantART ist eine der größten Social Network im Bereich Bildende Kunst. Mit über 13 Millionen registrierten Mitgliedern finden sich hier alle nur denkbaren Kunstformen, wobei Anima und Gothik reichlich vertreten sind. deviantART versteht sich als Community, die Künstlern die Möglichkeit bietet, sich einem internationalen Publikum zu präsentieren.

Gebiet bietet hingegen für Institutionen, Sammlungen, freie Projekte und Galerien die Möglichkeit, ihre Ausstellungen und Veranstaltungen audiovisuell zu präsentieren und zu inszenieren. Diese Auftrags-arbeiten sind dann auf den jeweiligen Seiten der Auftraggeber einsehbar. Artsite.tv sieht eine wichtige Aufgabe in der Kulturvermittlung für das unmittelbare, regionale Lebensumfeld der Kulturinteressierten.

Die multimediale Welt bietet vielfältige Möglichkeiten, die einzeln oder miteinander kombiniert angewendet werden können.

Social Networks

Wer-kennt-wen.de
facebook.com Xing.de
Myspace.com Lokalisten.de
Stayfriends.de **Studivz.de**
Netlog.com

Foren, Portale & Communites

Mit anderen in **Dialog** treten, Interessengemein-schaften suchen und finden

Video-sharing

vimeo.com
www.youtube.com
www.viddler.com

Daten senden, empfangen, archivieren

Fotosharing

de.zooomr.com
www.flickr.com
www.smugmug.com

Audiosharing

www.youtube.com
soundbeard.com
audiotube.com

Filesharing

www.scribd.com
www.docstoc.com

Blog-Communitys

www.blogged.com
www.shyftr.com
www.tangler.com
www.mybloglog.com
www.blogpulse.com

Blogging-Plattformen

www.wordpress.com
www.blogger.com
www.tumble.com

Micro-blogs

twitter.com
identi.ca **tumblr.com**
www.plurk.com
www.jaiku.com

Nachrichten
posten, twittern, bloggen

Information suchen, finden und bereitstellen

Wikis

www.wikipedia.org
twiki.org

Links

Social Bookmarking

www.delicious.com
digg.com   reddit.com
www.mister-wong.de
www.stumbleupon.com
www.furl.net www.diigo.com
www.technorati.com

Websites

3. Das eigene Blog

3. Das eigene Blog

Eine Eigenschaft des Künstleralltags, mit dem manch einer hadert, ist die Einsamkeit im Atelieralltag. Während Freunde und Geschwister ihren Büroalltag im Großraum zubringen und jeden Gang zur Kaffeemaschine für den Austausch von Neuigkeiten nutzen, versenkt sich der Künstler in kontemplativer Konzentration. Verglichen mit den beschaulichen Ateliertagen sind es nur wenige Termine im Jahr, an denen zutage tritt, was hinter den geschlossenen Türen in langen Monaten vor sich hin wächst und gedeiht. Das ist ja auch gut so. Künstlerische Arbeit funktioniert nun mal meist nicht via Meetings, Pitchs oder Telefonkonferenzen oder was der moderne Arbeitsplatz sonst noch so zu bieten hat (wenige Künstler-Großateliers mit zahlreichen Angestellten ausgenommen). Ab und an kommt der Galerist oder ein Kollege vorbei, um das Entstehende zu diskutieren. Andererseits haben Kunden, Galeristen, besagte Kollegen oder Personen, die eines davon noch werden möchten, durchaus Interesse daran, einen kleinen Einblick in das Wachsen und Blühen im Atelier zu erhalten. Das Internet bietet dabei Möglichkeiten, solch einen Austausch zu realisieren. Und zwar durch einen eigenes Blog.

Wer was zu sagen hat, schreibt ein Blog!

Ein Blog ist am ehesten vergleichbar mit einer Art Do-it-yourself-Onlinemagazin. Diverse Software ermöglicht das unkomplizierte veröffentlichen (d.h. „posten") von täglich neuen Nachrichten, Texten, Bildern, Filmen und sogar Musik. Wer sich eine professionelle Webseite programmieren lässt, hat die Möglichkeit, sich eine persönliche Blog-Seite einbauen zu lassen – dem eigenen Layout und den eigenen Bedürfnissen angepasst. Einfacher und innerhalb weniger Minuten selbst einzurichten sind die Blog-Systeme, die von den Marktriesen angeboten werden. Zu Google gehört das System „Blogger", ein weiterer großer Anbieter ist Wordpress, andere heißen Tumblr, Posterous oder Blogengine. Nach einer unkomplizierten Anmeldung steht eine ganze Palette vorgefertigter Layouts (engl. Themes) zur Verfügung, die man zum Teil nach eigenen Vorstellungen modifizieren kann. Auch eine Anzahl nicht ganz so gigantischer Anbieter wie etwa Webtagebuch oder blog.de sind ebenfalls auf dem Markt.

Der Vorteil der „Großen": Man profitiert von ihrer unendlichen Vernetzung, so man selbst eine anstrebt. Mit den Schlagworten und Tags, mit denen man seinen Text versieht, landet man relativ leicht in den Google-Ergebnissen, Tausende Tüftler basteln raffinierte und praktische Zusatz-Werkzeuge (= „Plugins"), mit denen man seinen Blog erweitern und gestalten kann. Einen RSS-Feed für Leser zum leichten Abonnieren der neuen Einträge gibt es gleich dazu.

Bei letzterem handelt es sich um eine Version des Blogs, das versendet wird: An E-Mail-Abonnenten oder an solche Leser, die einen sogenannten Feed-Reader benutzen. Ein Feedreader befindet sich als Programm auf dem eigenen Computer oder kann auch online, z. B. bei Google eingerichtet werden. Er sieht aus wie ein E-Mail-Programm für Nachrichten. Ohne sämtliche Blogs, Onlinemagazine und sonstige Webseiten, über deren Aktualitätsgrad man gerne auf dem Laufenden sein möchte, täglich persönlich abzugrasen, laufen die Nachrichten alle in diesem Übersichtsprogramm zusammen. Man kann den Empfang der Artikel und Blogs nach Kategorien sortieren,

und so kann es in Ihrem Feedreader beispielsweise eine Rubrik Kultur geben. Öffnen Sie diesen Ordner, so können Sie wie an einer Perlenschnur an einer unendlichen Reihe von Bildern oder Anrissen aus den unterschiedlichsten Bereichen der Kunstwelt entlangscrollen, bis der Blick an etwas hängen bleibt, was für Sie wirklich interessant ist.

Ein Blog, der aus der Menge herausstechen und Leser an sich binden soll, erfordert eine Menge guter Ideen und ein ungezwungenes Verhältnis zum Schreiben und Veröffentlichen. Auch der Künstler und Musiker Jim Avignon alias Neoangin führt ein Blog und berichtet darin über seine Projekte, Reisen, Videos und Auftritte – eine Möglichkeit für Fans und Freunde, auf dem Laufenden zu bleiben und einen Hauch von persönlicher Handschrift zu erhaschen. Der Londoner Fotokünstler Slinkachu, dessen Inszenierungen von Modellbaufiguren in der Öffentlichkeit einen humorigen Nerv der Internet-Community treffen, präsentiert regelmäßig die neuesten Arbeiten in seinem Blog. Für Anglophile: Auf

Der erste Eindruck entscheidet!
Jeder Artikel, der in einer solchen Informationsflut auf sich aufmerksam machen möchte, braucht ein starkes Entree. Der Feed, d.h. die Beschickung, muss mit den ersten Worten Interesse wecken oder sie durch ein beigefügtes Bild überzeugen.

artistswhoblog.blogspot.com sammelt die Künstlerin Stephanie Levy Künstlerblogs und interviewt die Präsentierten über ihre Ambitionen und Erfahrungen als Kunst-Blogger. Auch auf art-blogging.blogspot.com findet man eine große Sammlung von Beispielen – darunter auch genug, an denen man erkennen kann, was beim Bloggen alles schiefgehen kann.

Bei den vielen Möglichkeiten, die Blogs mittlerweile bieten, liegt es nahe zu überlegen, inwiefern ein Blog die eigene Webseite ersetzen könnte. Wir antworten mit einem klaren Ja. Ein Blog eignet sich ohne Weiteres als Künstlerwebseite, insbesondere für diejenigen Künstler, die ihrem Publikum regelmäßig etwas mitzuteilen haben. Durch die Vielzahl an Erweiterungen (engl. Widgets) kann ein Blog nahezu alle Funktionen einer Website übernehmen. Das Besondere daran: Blogs kosten in der Regel nichts und sind mit den zur Verfügung stehenden Anwendungsprogrammen leicht zu handhaben. Die Auswahl an vorgefertigten Layouts sind nahezu unerschöpflich und die Anbindung an die eigene Domain-Adresse je nach Anbieter häufig möglich. Zudem kann der für Blogs eher typische persönliche Tonfall die Bindung zum Besucher und möglichen Kunstkäufer aufbauen. Wenn man jedoch partout nicht auf eine eigene Homepage verzichten will, so kann diese beispielsweise einen statischen Portfolio-Charakter haben.

Das Blog kann dann, je nach Wunsch, in die Homepage integriert oder per Link ergänzt werden. So kann man zweierlei Nutzen praktisch miteinander verbinden: Die klassische Präsentation per Homepage mit der zusätzlichen Ergänzung einer flexiblen inhaltlichen Bearbeitung per Blog.

Wichtige Regeln für's bloggen

- Falls vorhanden, unbedingt mit der eigenen Homepage verbinden bzw. verlinken.
- → Die Besucher sollen zu Ihnen kommen.

- Regelmäßig bloggen und aktuelle Beiträge und Fotos bereitstellen!
- → Feste Redaktionstermine im Kalender eintragen.

- Keine längeren Meldepausen. Keine Wiederholungen.

- Kommentarfunktion aktivieren!
- → Nur so entsteht ein Dialog mit Ihren Besuchern.

- Keine werblichen Texte!
- → Leicht durchschaubar. Besucher werden nicht wiederkommen.

- Per RSS-Feed abonnierbar sein.
- → Machen Sie es Ihren Besuchern so leicht wie möglich, Ihnen zu folgen!

- Mit Twitter kombinieren.
- → Nutzen Sie alle Social Media Tools in Ergänzung.

- Mit anderen Social Networks wie Facebook, Flickr und Vimeo etc. verlinken.

Schreiben fürs Internet: Einmal schreiben – immer schreiben, aber bitte kurz.

Oft bleibt es leider beim guten Vorsatz – und auf einer liebevoll angelegten Seite der Willkommens-Post der einzige. Oder nach anfänglichem Mitteilungsschwall beginnen die Nachrichten aus Atelier und Ausstellungswelt allmählich zu tröpfeln und versiegen irgendwann ganz, der letzte Post handelt dann gerne vom Vorhaben, bald wieder mehr zu schreiben. Drum prüfe, wer zum Redakteur in eigener Sache werden möchte, seinen inneren Antrieb ausgiebig. Ein Nicht-Künstler-Facebookfreund, ein Marketingspezialist mit unermüdlichem Mitteilungsdrang in jedem Medium, das das Internet zur Verfügung stellt, brachte es jüngst auf den Punkt: Er schrieb spitzzüngig über eine gemeinsame Freundin, eine viel beschäftigte Künstlerin: „Nun hat sie ihr Schweigen auf Twitter ausgedehnt" (Zuvor war sie bereits Mitglied in diversen anderen Communities, ohne sich selbst zu Wort zu melden). Die so sanft Bespottete stellte daraufhin fest, dass sie tatsächlich weder das Bedürfnis noch die Zeit hat, ihre Mitmenschen mit regelmäßigen geistreichen Nachrichten zu versorgen, und belässt es dabei, ihren Online-Kontakten bevorstehende Ausstellungseröffnungen mitzuteilen. Auch dafür lohnt sich ein Onlineprofil oder ein Blog mit der Möglichkeit, ihn zu abonnieren.

Wer fürs Internet schreibt, muss sich kurz fassen. Die stärkste Aufmerksamkeit erregen Texte, die einfach und klar geschrieben sind und wichtige Fakten klar gliedern. Zunächst einmal: Das, was wir alle täglich machen, ist eigentlich nicht schön: Das Lesen am flackernden

Mit und ohne Kommentarfunktion

Ein Blog bietet die Möglichkeit, sich sowohl passiv als auch partizipatorisch im Social Web zu beteiligen. Wer will, kann den unmittelbaren Austausch mit den Lesern pflegen und mit diesen in direkten Kontakt per freigeschalteter Kommentarfunktion treten. Wer lieber nur schreiben will und keine Beiträge und Erwiderungen seitens der Leser haben möchte, kann die Kommentarfunktion ausschalten oder zwischenschalten. So kann der Blogbetreiber die Beiträge anderer erst einmal lesen und prüfen und dann in Ruhe entscheiden, sie auf seinem Blog freizugeben.

Mit dem Widget „Statistik" erfahren Sie mehr über Ihre Leser
Nahezu alle Blogsysteme, allen voran wordpress, bieten eine ganze
Reihe von sogenannten „Widgets", d.h. Online- Werkzeuge,
die Videos aus YouTube, Vimeo oder Fotos aus Flickr anzeigen,
andere Newsreader einbetten, kleine Umfragen ermöglichen,
Besucher in umfangreichen Statistiken aufzeigen und vieles mehr.
Wollen Sie beispielsweise wissen, ob Ihre Blog-Besucher aus der
näheren Umgebung kommen oder eher aus dem gesamten Bundes-
gebiet oder wie alt Ihre regelmäßigen Leser sind, so können Sie
die zu Ihrem Blog gehörenden statistischen Auswertungen aufrufen.

Bildschirm strapaziert das Auge. Deshalb fliegt der Blick als erstes über die
aufgerufene Seite, um sie nach interessanten Stichworten zu durchsuchen.
Das Thema muss auf den ersten Blick
fesseln. Springt nichts ins Auge, wird die
Seite mit dem nächsten Klick wieder ver-
lassen. Vorbei die Chance, sich mitzuteilen. Wer also wird auf Ihrer Seite landen?
Was wird der Besucher Ihrer Webseite,
Ihres Blogs suchen? Erfüllen Sie seine
Erwartungen und bieten Sie ihm die entsprechenden Fundstücke.

Wer viel schreibt, weiß, dass es viel
schwieriger ist, sich kurz zu fassen. Einfach ist es, alle seine Fakten in aller
Ruhe und Bandbreite auszuwalzen. Und
viel mehr Arbeit macht es, hinterher
alles nicht zwingend Notwendige wieder
wegzukürzen. Deshalb beachten Sie folgende Regeln:

- Füllwörter („irgendwie", „nun",
  „sozusagen") streichen.
- Elegante, lange Formulierungen in
  kurze Hauptsätze verwandeln.
- Aktiv verwenden statt Passiv.
- Fakten in Aufzählungen, Listen oder
  Tabellen verpacken.
- Den Text nach sinnvollen Über-
  schriften untergliedern.
- Eine kurze, prägnante Einleitung
  schreiben.
- Lange Texte kurz anreißen und aus-
  klappbar anbieten.

Das Internet hat unterhaltenden Anspruch. Am erfolgreichsten sind eingän-
gige Texte, die gleichzeitig inhaltlichen
Witz und Sprachwitz zu bieten haben.
Das erhöht das Lesevergnügen und fes-
selt das Auge an den Bildschirm. Vielleicht gilt das nicht unbedingt für Nachrichten aus Politik und Wirtschaft – aber

Entdecken Sie die Möglichkeiten

Das Internet lebt nicht nur vom Text allein. Viele Informationen lassen sich auch als Foto, Grafik oder Video vermitteln. Sinnvoll ist es also, alle verfügbaren Mittel ineinandergreifen zu lassen. Auch ist es praktisch, auf Hintergrundinfos oder verwandte Artikel per Link zu verweisen. Das erspart längere Ausführungen im eigenen Text und unterstützt vielmehr dessen Unterhaltsamkeit.

selbst in diesem Bereich liest sich ein munterer Text leichter als ein bierernster. Zu diesem Thema gehört auch der persönliche Tonfall – wer eigene Blogs oder Webseiten bespielt, macht sich seinen Leser gerne zum Freund, spricht ihn an, gibt seiner persönlichen Stimme Ausdruck und macht sich damit wiedererkennbar, vielleicht sogar unverwechselbar.

Wer es mit diesen Mitteln geschafft hat, seinen Leser für sein Thema zu begeistern, der mag ihn doch zu einer längeren Lektüre ermutigen. Es empfehlen sich ausklappbare Texte – die auf der Seite angerissen werden und über einen „mehr"-Button zu verlängern sind. Doch

auch hier gilt: Viel mehr als die Textlänge einer Din A4-Seite ist dem Internetnutzer kaum zuzumuten. Alles, was länger werden soll, sollte auch als Pdf-Datei bereitgestellt werden, damit der Leser sich den Text komfortabel herunterladen und ausdrucken kann. Auf Papier liest es sich doch leichter.

Blogs lesen und nutzen

Blogs sind auch in umgekehrter Richtung sehr nützlich: Um sich zu informieren. Auch jenseits der großen Magazine, die meinungsbildend und tonangebend sind, bieten die kleinen Onlinemagazine

Bieten Sie Wissenswertes

Der Internetnutzer liest zielstrebig: Er möchte Antworten auf seine Fragen, etwas herausfinden, Informationen erhalten. Langweilen Sie ihn also nicht mit schmückendem Textbeiwerk, sondern vermitteln Sie Wissen zu Ihrem Thema.

eine Möglichkeit, über Kunst und Künstler tagesaktuell zu berichten. Auch die Tatsache, dass Bilder und Filme so einfach verbreitet werden können, spricht für Kunst-Blogs. Überraschend jedoch: Verglichen damit, wie zum Beispiel im Technikbereich umfangreich gebloggt und jedes Detail sämtlicher Marktneuheiten von allen Seiten beleuchtet und kommentiert wird, hält sich die Kunstszene noch etwas zurück. Auch in der Musikwelt mischen zahlreiche Stimmen in der Internet-Diskussion mit. In der Kunstwelt muss man hingegen schon eine Weile suchen, bis man einen Blogger findet, der viel, gut und wiederkehrend über Ausstellungen und Projekte berichtet. Zwar ergänzen die meisten der marktführenden Kunstmagazine inzwischen mit einem Blog ihr Print-Angebot, doch die Subkultur hält sich noch zurück und findet meist am Rand von Design- oder Fotoblogs statt.

Empfehlenswerte Blogs (Weblinks)

Immerhin, eine ganze Reihe Fundstücke im Bereich der Kunst-Blogs sind im Internet auszumachen. rebel:art zum Beispiel, der Blog des freien Journalisten Alan Bieber, der auch für das Art Magazin, artnet oder Spiegel online schreibt. In Berlin arbeitet eine Gruppe Autoren um den Künstler Markus Wirthmann seit mittlerweile fünf Jahren am Kunst-Blog www.kunst-blog.com, leidet aber darunter, dass sich mit Bloggen nur schwer Geld verdienen lässt und musste unlängst den viel beachteten Veranstaltungskalender einstellen, der viele Leser auf den Blog zog. Eine kleine Autorengruppe hält dies betont anders: www.we-make-money-not-art.com berichtet abwechslungsreich über Kunst und Kunstverwandtes aus den europäischen Metropolen. Anke Wulffen sammelt in ihrem Blog „Balkon & Garten" balkon-garten.blogspot.com Kunstprojekte und ähnliches mit pflanzlichem Schwerpunkt (und verknüpft das mit der Herausgabe eines Artzines). www.whokilledbambi.co.uk, www.urbanartcore.eu, www.twocoatsofpaint.com oder www.welikethat.de sind weitere Lesetipps.

Mediale Inszenierung der eigenen Kunst

Sascha Lobo, Jahrgang 1975, ist ein Buchautor und Blogger aus Berlin. Er twittert und ist Berater in Sachen Internet und Markenkommunikation. Sascha Lobo hält hin und wieder Vorträge, beteiligt sich an Podiumsdiskussionen und engagiert sich politisch, z. B. im Online-Beirat der SPD. Bei der Zentralen Intelligenz Agentur, die er 2005 mitbegründet hat, wird Sascha Lobo als „Inoffizieller Mitarbeiter" geführt. Für dessen mit dem Grimme-Preis bedachten Blog, die Riesenmaschine, schreibt er Beiträge. Im Fernsehen glossierte Sascha Lobo bis vor kurzem Computerthemen in der 3sat-Sendung „neues". Sein Buch "Wir nennen es Arbeit", das er zusammen mit Holm Friebe schrieb, erschien 2007. Das Thema: wie man mithilfe der neuen (Kommunikations-)Technologien den Traum vom selbstbestimmten Leben verwirklicht. „Bitte sagen Sie meiner Mutter nicht, dass ich Social Media Consultant bin. Sie glaubt, ich sei im Organhandel tätig." (Twitter, 6.07.2010, 19.05 Uhr)

Wir können es leider nicht verschweigen, als Berater entwickeln Sie u.a. Social Media-Strategien. Haben Sie auch schon (bildende) Künstler beraten?
Nicht direkt, ich habe aber mein Diplomprojekt an der Universität der Künste über die Vermarktung einer Künstlergruppe geschrieben; das war allerdings schon 2004 und ist nicht mehr ganz aktuell. Einige Erkenntnisse am Rand traue ich mir dennoch zu, weil ich mich ja selbst zu einem Teil als Künstler verstehe. Mein erster Roman ist im Herbst bei Rowohlt Berlin erschienen, daran teste ich sozusagen live und für alle nachvollziehbar Social Media-Strategien für die Kunstform Roman.

Mit Kunst und dem Kunstmarkt beschäftige ich mich aber seit langer Zeit, irgendwann in mittelferner Zukunft werde ich da auch (wieder) aktiv werden. An kleineren Projekten zwischendurch habe ich immer wieder teilgenommen, zum Beispiel mit einem Stand auf der Art Cologne 2007, wo wir – die Zentrale Intelligenz Agentur – eine Arbeitsperformance gemacht haben.

Für die Fotografin, den Videokünstler oder die Musikerin liegt es auf der Hand, die eigene Arbeit via Social Media zu kommunizieren, weil sie in der Regel bereits digital vorliegt. Und viele machen es bereits. Viele andere Künstler, z. B. Maler oder Bildhauer, haben hier Nachholbedarf. Was empfehlen Sie denen?

Für alle Menschen, die irgendwie auf Kommunikation angewiesen sind, gilt die Empfehlung, sich mit Social Media zu beschäftigen – und zwar die Umwälzungen zu verstehen. Wie verändert sich die Welt, was davon betrifft mich und meine Arbeit? Zu wissen, wie man eine Facebook-Page eröffnet und pflegt, ist da nur der allerletzte Schritt. Ich empfehle, sich mit der Aufmerksamkeitsökonomie zu beschäftigen, und zwar unabhängig davon, ob man diese Welt grauenvoll findet oder nicht. Auch wenn es keine schöne Vorstellung sein mag: „Nur" Künstler zu sein, das reicht heute noch weniger als früher, um irgendwann von seiner Arbeit leben zu können. Man muss wohl oder übel zusätzlich auch die Rezeption und Verbreitung seiner Kunst mit beeinflussen oder jemanden haben, der das tut. In der Musik ist das schon flächendeckend akzeptiert, dass MySpace-Repräsentanzen und Ähnliches zu einer Band dazugehören, die Instrumente für bildende Künstler liegen weniger auf der Hand, sind aber auch kein Geheimnis. Zum Beispiel eine ansprechende, digitale Präsentation der eigenen Kunst. Keine Angst vor dem, was viele verächtlich „Selbstvermarktung" nennen – ich würde es mediale Inszenierung der eigenen Kunst nennen. Die herausragenden Beispiele sind absolut offensichtlich; viel besser als Banksy (http://www.banksy.co.uk) etwa kann man mediale Inszenierungen von Kunst kaum hinbekommen.

Sie schreiben Ihr eigenes Blog, auf dem man sich auch über Ihre Arbeit und Ihre Person informieren kann. Kommt über Ihr Blog Arbeit auf Sie zu?

Ja, schon immer. Das habe ich auch in meinem Buch „Wir nennen es Arbeit" (mit Holm Friebe, 2006) beschrieben. Das Blog ist die Stimme des Einzelnen in der Digitalen Welt. Wer keins hat, nimmt an der digitalen Öffentlichkeit nur passiv oder indirekt teil. Das halte ich für die meisten Menschen für verschenktes Potenzial, für Künstler erst recht.

Kann eine solche Verknüpfung von Blog und Portfolio auch für (bildende) Künstler sinnvoll sein?
Definitiv. Für viele Menschen, leider auch für viele Journalisten und Multiplikatoren, ist die Realität das, was unter den ersten zehn Google-Treffern zu finden ist. Google liebt Blogs, mit einem Blog kann man deshalb die Wahrnehmung der eigenen Person oder des eigenen Werks unmittelbar mit beeinflussen. Abgesehen davon sollte man nicht glauben, wie ungeheuer viele Menschen tatsächlich kunstbegeistert sind und den ganzen Tag im Netz herumstreifen, um in ihren Augen Interessantes zu finden. Auch hier hilft ein Blog, eine größere Öffentlichkeit bei den richtigen Leuten zu bekommen. Auch wenn man natürlich nicht erwarten darf, dass zwei Wochen nach der Blog-Eröffnung das Atelier leergekauft ist und man einen neuen Schrank für die Auszeichnungen kaufen muss.

Sie twittern regelmäßig zu den unterschiedlichsten Themen. Wen interessiert's?
Das Schöne an Social Media ist, dass man genau das von ganz allein merkt – es nehmen nur diejenigen wahr, die es interessiert. Auf Twitter sind das bei mir derzeit über 44.000 Menschen, die meine Kurznachrichten abonniert haben. Darunter viele Journalisten, Blogger, Menschen aus der IT-Welt, von Verlagen, Verbänden und so fort.

Tragen die Äußerungen über Twitter zu Ihrem Lebensunterhalt bei?
Ja, denn ich nutze Twitter inzwischen auch als eine Art Mikro-Pressemitteilung, in Verbindung mit meinem Blog. Abgesehen davon rundet es das Bild ab, das ich von mir in der Öffentlichkeit zeichne. Ich twittere im Vergleich sehr, sehr wenig und sehr präzise und überlegt. Aus Twitter heraus ist übrigens auch meine wöchentliche Sendung auf 3sat entstanden, „Sixtus vs. Lobo", als Teil der Computersendung „neues". Sie wurde jüngst nach knapp 50 Folgen eingestellt.

Bei Facebook haben Sie rund 5.000 Freunde. Die kommen zum Glück nicht alle zum Tee. Was gefällt Ihnen noch an Facebook?
Es sind nicht rund 5.000 Friends, sondern genau 5.000 Friends, denn Facebook erlaubt nicht mehr. Das ginge nur mit einer Facebook-Page, die ich auch habe, die aber nicht in Betrieb ist. Einige Male habe ich schon Follower-Partys gemacht und alle Twitter-Follower und Facebook-Friends zu mir nach Hause eingeladen, damals eine niedrige fünfstellige Zahl, insgesamt. Es kamen über 300 zu mir, es war eine schöne Feier. An Facebook gefällt mir nicht so wahnsinnig viel im Moment, aber es ist der Treiber, was Social Networks angeht, und setzt hier Maßstäbe, sonst nur vergleichbar mit der Dominanz von Google.

Was könnte für Künstler gut an Facebook sein?
Die Vernetzung, die einfache Möglichkeit, auch ohne technische Kenntnisse eine digitale Repräsentanz selbst pflegen zu können. Und natürlich, dass immer mehr auch diejenigen bei Facebook sind, die mit Kunst viel anfangen können oder sie gar kaufen. Dazu kommt, dass Facebook eine Art ständige, digital vernetzte Dokumentation der Welt und ihrer Geschehnisse ist; was nicht auf Facebook dokumentiert ist, verschwindet für immer mehr Menschen von der Bildfläche. Ob man das gut oder schlecht findet, ändert wenig an der Tatsache.

4. Keine Angst vor der Informationsflut

4. Keine Angst vor der Informationsflut

Sie haben Ihr eigenes Blog, twittern und bespielen außerdem Ihre Seite bei Facebook. Außerdem haben Sie diverse interessante Blogs abonniert, die Ihr Arbeitsleben bereichern. Tag für Tag sind Sie mit einer Menge Informationen konfrontiert, die am besten an einem Ort gesammelt und archiviert werden sollten. Und damit Sie sich nicht verzetteln, sollten Sie auch Ihr Zeitmanagement im Auge behalten.

Informationen sammeln, auswählen und für die eigene Arbeit nutzen – ganz leicht mit RSS

Jedes Blog und viele Websites, auch die sämtlicher Online-Ausgaben der Printmedien, bieten einen RSS-Feed an, den Sie abonnieren können. Fortan erübrigt sich der regelmäßige Besuch der Website, um sie auf Neuigkeiten zu überprüfen. Denn jeder neue Artikel wird im RSS-Feed angerissen und mit einem Link auf den Ursprungsbeitrag versehen. Um RSS-Feeds zu abonnieren, brauchen Sie einen RSS-Feed-Reader. Dabei handelt es sich um ein kleines Programm, das online oder auf dem eigenen Rechner sämtliche RSS-Feeds, die Sie abonniert haben, abfragt und sie in einer Oberfläche bündelt. RSS-Feeds können Sie auch im Browser über dynamische Lesezeichen abrufen oder über einige E-Mail-Programme. Dann bekommen Sie Ihre täglichen Nachrichten gemeinsam mit den E-Mails auf den Computer geschickt. Es gibt eine Vielzahl von Programmen auf dem Markt, die die RSS-Feeds bündeln (siehe auch Seite 18). Im Feed-Reader können Sie alle Artikel durchforsten und die interessanten anklicken, um sie anschließend vollständig zu lesen, zu sehen oder auch zu hören. Feed-Reader übertragen nämlich auch eingebettete Bilder oder Videos. Am besten sortieren Sie die Abonnements im Feed-Reader nach Themengebieten. Es ist sinnvoll, die Nachrichten aus den Kunstblogs z. B. von denen privater Natur zu trennen, um den Überblick zu behalten.

Das A und O im Browser: Lesezeichen
Im Laufe eines Online-Tages können sich eine ganze Reihe interessanter Links ansammeln. Das könnte ein Museum sein, ein Material-Lieferant, eine hilfreiche Datenbank, das Portfolio eines interessanten Künstlers, die Website eines Kunstpreises, ein Ferienziel, ein Restaurant ... Wohin damit? Bitte nicht auf einen dieser hellgelben Klebezettel notieren, von denen unter Garantie auch auf Ihrem Schreibtisch mindestens einer

klebt. Erstens ist es zu mühselig und fehleranfällig, die komplizierten Internetadressen zeichengenau abzuschreiben, zweitens wird der hellgelbe Zettel genau in dem Moment, in dem er gebraucht wird, nicht mehr aufzufinden sein. Viel besser ist es, die in jedem Browser vorhandene Funktion „Lesezeichen hinzufügen" zu nutzen. Sie können den gespeicherten Lesezeichen mit wenig Aufwand Stichworte zuordnen und sie in Ordner und Gruppen sortieren. Dann finden Sie beispielsweise den Link zum Rahmenhändler unter dem Stichwort „Material" und den Link zum Meeresmuseum im Ordner „Urlaub". Wenn Sie den Browser wechseln, z. B. vom Internet Explorer zum Firefox – kein Problem. Aus jedem Browser lassen sich die Lesezeichen exportieren und ganz einfach in den neuen wieder importieren. Und damit nicht am Ende eine Reihe interessanter Seiten auf dem Rechner zuhause und eine ganze Reihe mindestens ebenso interessanter Links auf dem Computer im Büro, Atelier oder auf dem Laptop gespeichert sind, kann man seine Lesezeichen auch online verwalten, zum Beispiel mit dem Google Reader.

Zeitmanagement im Auge behalten

Um der Informationsflut Herr zu werden, empfehlen sich einige selbst aufgestellte Regeln. Ob Sie die Zeitung oder Blogs im Internet lesen oder Ihren Feed-Reader durchforsten, dies alles sollten Sie auf einen festen Zeitraum im Arbeitsalltag beschränken. Denn sonst verrinnen die Stunden und Sie stellen anschließend fest, dass Sie zwar im Web durch die ganze weite Welt gereist sind, ihre Arbeit aber liegengeblieben ist. Wie wäre es mit einer halben Stunde morgens und einer halben Stunde nach dem Mittagessen? Das könnte passen. So sind Sie gut informiert und haben nicht nur jede Menge Zeit für Ihre künstlerische Arbeit, sondern auch noch Reserven, eigene Informationen über Blog, Facebook und Twitter zu verbreiten. Haben Sie keine Angst, auch mal eine Information zu verpassen! Lassen Sie sich nicht ablenken; zwei, drei Klicks weiter und schon sind Sie auf dem besten Weg, sich für die nächste Stunde mit weiteren, sicher interessanten aber doch letztlich unwichtigen Posts, Blogs und Tweeds zu beschäftigen.

Bündeln Sie Ihre Informationsquellen
Nutzen Sie personalisierte Posteingänge. Beispielsweise mit Google Reader können Sie die aktuellsten Informationen Ihrer favorisierten Websites und Blogs wie E-Mails abrufen und weiterempfehlen.

5. Mit Creative Commons teilen, sampeln und bekannt werden

5. Mit Creative Commons teilen, sampeln und bekannt werden

Der perfekte Schutz für dein geistiges Eigentum: Kunstwerk im Schrank einschließen und Schlüssel wegwerfen. Denn sobald die Rezeption einsetzt, gibt es kein Halten mehr. Gab es noch nie. Da wurde im Namen der Kultur schon immer gesampelt. Alle Kunstwerke legen mindestens in Spuren davon Zeugnis ab. Das müssen gar nicht ausdrücklich Pastichen, Parodien oder Karikaturen sein, denn niemand ist aus dem Nichts heraus kreativ. Kinder und Jugendliche machen es mit großer Selbstverständlichkeit im Internet vor, indem sie sich jeden Inhalt aneignen, ihn nach Belieben verändern und weitergeben. Ist die Zeit reif für einen freieren Umgang mit den Inhalten im Internet, auch mit Kunstwerken, in Sachen Urheberrecht?

Mehr Freiheit im Namen des Schöpfers

Zwar sind empörte Reaktionen und Anzeigen wegen Urheberrechtsverletzungen im Internet immer noch an der Tagesordnung. Und Rechteverwertungsgesellschaften wie z. B. die GEMA für die Musikbranche pochen auf die Durchsetzung geltenden Rechts. Denn in Deutschland sind geistige Schöpfungen automatisch durch nationales und internationales Urheberrecht geschützt. Aber die normative Kraft des Faktischen, nämlich die freie Aneignung und Bearbeitung kreativer Werke durch immer mehr Menschen, wirft die Frage auf, wie ein alternativer Schutz geistigen Eigentums zukünftig aussehen sollte, der den Interessen schöpferischer Menschen entspricht.

Die Wurzeln und Ideale des Internets – und hier insbesondere des Web 2.0 – liegen zu einem Großteil in der freien Bereitstellung und Nutzung von Inhalten. In diesem Kontext sollte man sich überlegen, unter welchen Bedingungen man seine Werke im Netz präsentieren möchte. Nach deutschem Recht unterliegen die Arbeiten von Künstlern als Werke geistiger Schöpfungshöhe automatisch dem Urheberrecht. Als Urheber legt man wiederum die Nutzungskonditionen fest.

Hier kommen die Creative Commons ins Spiel, die mit ihren Lizenzen dem strikten Copyright seit 2001 fein definierte Rechte zur Weiterverwertung und Bearbeitung an einem Inhalt im Internet einräumen. Die Erfinder der Creative Commons, maßgeblich der Stanford-Jurist Lawrence Lessig, haben ein Ziel: Sie wollen Kultur fördern. Die Creative Commons-Lizenzen sollen den intensiven Austausch von künstlerischen und wissenschaftlichen Inhalten ermöglichen – Kreativität mit möglichst wenig Beschränkungen.

Wie Künstler von den Creative Commons profitieren? Gemeinnutz und Eigennutz

Selbst wenn das mit den Creative Commons angestrebte Ideal der kulturellen Weiterentwicklung durch eine frei fließende Kommunikation (noch) nicht erreicht wird, können Künstler ihren Teil dazu beitragen und gleichzeitig davon profitieren. Denn die Creative Commons sind keine altruistische Spinnerei. Gemeinnutz und Eigennutz halten sich durchaus die Waage – auch aus künstlerischer Perspektive. So bieten sechs Vertragsgrundtypen Entscheidungsfreiheit darüber, ob eine Weitergabe eines Werkes erlaubt, ob Veränderungen an einem Werk und deren Weitergabe zugelassen

oder ob sogar seine kommerzielle Nutzung erlaubt werden soll. Dabei berücksichtigen die Creative Commons immer die jeweilige urheberrechtliche Gesetzeslage eines Landes. Die Vorteile der Corporate Collection-License beispielsweise liegen für Künstler u.a. darin begründet, dass sie mit einer solchen Lizenz bewusst die Zirkulation und somit Verbreitung ausgewählter Werke begünstigen können und tendenziell zur Steigerung des eigenen Bekanntheitsgrades beitragen können.

Wenn Sie die Creative Commons-Lizenzen für das eigene kreative Schaffen einsetzen, können Sie also in vielerlei Hinsicht davon profitieren. Ihre Arbeiten werden gerne von anderen aufgenommen und verbreitet. Immer vorausgesetzt, dass sie interessant sind, indem sie z. B. eine neue Idee transportieren. Je häufiger dies geschieht, umso bekannter werden Sie. Gleichzeitig können sich auf diese Weise neue Möglichkeiten der Zusammenarbeit mit anderen Künstlern ergeben. Vielleicht werden Sie Teil einer neuen Com-

Vorteile von Creative Commons
- freie Kommunikation
- Kultur
- Bekanntheit
- Austausch

munity oder Sie lassen sich von der Weiterentwicklung Ihrer Arbeiten zu neuem Schaffen inspirieren. Sie können sich auf diese Weise der Mechanismen des Social Web bedienen und die Publizierung Ihrer Werke kontrollieren. Indem z.b. immer der Name des Künstlers mit der Arbeit verbunden ist, z.b. durch einen in das Bild eingefügten Hinweis auf den Namen oder die entsprechende Website, hat man zumindest die Möglichkeit, an der Entwicklung des Internets im Sinne eines Sozialen Netzwerkes unmittelbar teilzuhaben und mitzuwirken.

CC-Lizenzen

Die Creative Commons-Lizenzen kann man in drei Ausführungen herunterladen:

1. Commons Deed, die allgemeinverständliche Fassung
2. Legal Code, die juristische Fassung
3. Digital Code, die maschinenlesbare Fassung, z. B. für die Auswertung durch Suchmaschinen.

Die Creative Commons-Lizenzen beziehen sich nicht nur auf das geschützte Werk, sondern benutzen das allgemeinere Wort „Inhalte" und beziehen damit auch andere nicht-schöpferische Gegenstände ein. Die vier Elemente der Creative Commons kann man zu insgesamt sechs verschiedenen Lizenzen zusammenstellen.

Namensnennung
Andere dürfen deine Inhalte und ihre bearbeitete Fassung verbreiten, aufführen und öffentlich zugänglich machen, wenn sie deinen Namen nennen.

Nicht-kommerzielle Nutzung
Andere dürfen deine Inhalte und ihre Bearbeitungen nur zu nicht-kommerziellen Zwecken vervielfältigen, aufführen oder öffentlich zugänglich machen.

Keine Bearbeitungen
Andere dürfen nur unveränderte Kopien deiner Inhalte vervielfältigen, verbreiten, aufführen und öffentlich zugänglich machen. Sie dürfen deine Inhalte nicht bearbeiten.

Weitergabe unter gleichen Bedingungen
Andere dürfen Bearbeitungen deiner Inhalte nur unter einem Lizenzvertrag weiterverbreiten, der demjenigen entspricht, unter dem du selbst den Inhalt lizensiert hast.

Daraus können sich folgende Kombinationen der CC-Lizenzen ergeben:

 Namensnennung/Keine Bearbeitungen

 Namensnennung/Nicht-kommerzielle Nutzung

 Namensnennung/Weitergabe unter gleichen Bedingungen

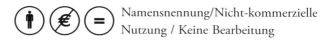 Namensnennung/Nicht-kommerzielle Nutzung / Keine Bearbeitung

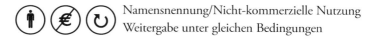 Namensnennung/Nicht-kommerzielle Nutzung Weitergabe unter gleichen Bedingungen

Chancen erkennen: Die Zusammenarbeit unter Künstlern

Die Autorin und Bloggerin Kathrin Passig, Jahrgang 1970, lebt und arbeitet in Berlin. Sie gehört zu den Gründerinnen der Zentralen Intelligenz Agentur, die nach eigener Aussage „intellektuelle Obsessionen in geschmeidige Kulturformate" verwandelt und befreundete Künstler und Initiativen bei ihrer Arbeit unterstützt. Kathrin Passig schreibt Beiträge für den kollaborativen Blog „Riesenmaschine", den sie zusammen mit ihren Kollegen von der Zentralen Intelligenz-Agentur 2005 entwickelte und der 2006 den Grimme Online Award erhielt. Im selben Jahr wurde Kathrin Passig für ihre Erzählung „Sie befinden sich hier" mit dem Ingeborg-Bachmann-Preis ausgezeichnet. 2008 gab sie zusammen mit Sascha Lobo hilfreiche Hinweise in ihrem Ratgeber mit dem Titel „Dinge geregelt kriegen – ohne einen Funken Selbstdisziplin". Zusammen mit Aleks Scholz schrieb Kathrin Passig außerdem das „Lexikon des Unwissens" (2007) und „Verirren – eine Anleitung für Anfänger und Fortgeschrittene" (2010).

Welche Vorteile haben (bildende) Künstler, sich und ihre Arbeit in den sozialen Medien im Internet zu präsentieren und ggf. zur Diskussion zu stellen?

Im und durch das Internet war in den letzten Jahren eine Tendenz zum „cutting out the middleman", zur „Disintermediation" zu beobachten. Hersteller nehmen Kontakt mit den Endkunden auf, Journalisten und Autoren (wenigstens manchmal) mit den Lesern. Es wird schwerer, sich auf den Standpunkt zu stellen „um den Kontakt mit der ungewaschenen Zielgruppe sollen sich andere kümmern". Dieser Kontakt ist anstrengend, aber ein Künstler arbeitet nicht im luftleeren Raum, er ist in vieler Hinsicht von seiner Umwelt beeinflusst und abhängig; er profitiert von ihr und sollte sie nicht für der direkten Kommunikation unwürdig halten. Dazu kommen neue technische und logistische Möglichkeiten zur Zusammenarbeit mit anderen Künstlern. Was in der Wissenschaft schon länger Standard ist – die Arbeit als Gruppe

und nicht als Einzelperson – breitet sich weiter in den Bereich
der Künste aus.

**Welche der sozialen Medien halten Sie als Ergänzung der Portfolio-
Site für besonders geeignet, mit der eigenen künstlerischen Arbeit
an die Öffentlichkeit zu gehen?**
Ich glaube, das ist keine Frage eines bestimmten Tools. Es kommt auf
die Bereitschaft an, mit diesem Tool nicht nur Meinungen und Bonmots
oder, noch schlimmer, nur Veranstaltungstermine in die Welt hinein-
zurufen, sondern sich mit anderen Menschen auseinanderzusetzen.
Mir fällt das auch nicht leicht. Ich lebe vom Geld meiner Leser; gleichzeitig sind sie rätselhafte, fremde, ein bisschen bedrohliche Gestalten
für mich, von deren gutem Willen ich abhängig bin. Aber da muss
man durch; es hilft ja nichts, die Tatsachen zu leugnen.

**Stichwort Urheberrecht: Das geistige Eigentum verlangt gleichzeitig
nach Schutz und nach Verbreitung, zu der die Kultur des Teilens im
Internet erheblich beiträgt. Wie sollen Künstler damit umgehen?**
Auch Künstler sind nur einen Teil ihrer Lebenszeit Produzenten, einen
anderen und vermutlich größeren Teil der Zeit sind sie Konsumenten.
Konsumenten der Kunst, der Ideen, der Gedanken anderer. „Geistiges
Eigentum" lässt sich nur wirksam schützen, indem man es für sich
behält und niemanden daran teilhaben lässt. Teilen ist im Interesse
der Allgemeinheit, und so wie auf dem alten Autoaufkleber „Wir alle
sind Ausländer – fast überall" sind wir eben auch alle die Allgemeinheit – fast immer. Es gibt keinen Anspruch, für Kunst so entlohnt zu
werden, dass man davon leben kann, genauso wenig wie es einen
Anspruch gibt, vom Basteln von Kastanienmännchen leben zu können,
und seien sie noch so schön. Wer diesen ausgedachten Anspruch mit
Gewalt und durch die immer stärkere Einschränkung der Rechte dessen
durchzusetzen versucht, der ja gerade ein Freund und Käufer seiner
Arbeit ist, der sägt an dem Ast, auf dem er sitzt.

6. Linkliste

6. Linkliste

Diese Linkliste soll Ihnen einen ersten Einstieg in das Thema bieten und Beispiele liefern, wie andere Künstler Social Media einsetzen. Durch den Vergleich werden Sie schnell herausfinden, was für Sie geeignet ist und welche Möglichkeiten Sie nutzen können. Zudem finden Sie hier wichtige Links, die den Umgang mit Social Media-Tools erleichtern.

Interessante Kunst-Websites/Blogs im weitesten Sinne:

design sponge: http://www.designspongeonline.com/ (Blog, Design, englisch)

fontblog: http://www.fontblog.de/ (Blog, Design, deutsch)

Jessica Hische: http://jessicahische.com/(Blog/ Website, Schriftgestalterin, englisch)

SwissMiss: http://www.swiss-miss.com/ (Blog, Design, englisch)

Standard Mag: http://www.standardmag.com/ (Online-Magazin, englisch)

Yay Everyday: http://yayeveryday.com/ (Blog/Sammlung, englisch)

Felix von Pless: http://blog.vonpless.de/ (Blog, Illustrator, englisch)

Graphic Exchange: http://www.graphic-exchange.com/ (Blog, Design, englisch)

Designworklife: http://www.designworklife.com/ (Blog, englisch)

Formfiftyfive: http://www.formfiftyfive.com/ (Designsammlung, englisch)

Design made in Germany: http://www.designmadeingermany.de/ (Designsammlung, englisch)

Under consideration: http://www.underconsideration.com/ (Design-Magazin, englisch)

Alex Roka: http://www.alexroka.com/ (Portfolio-Website, Illustrator, englisch)

Sebastian Waters: http://blog.sebastianwaters.com/ (Informationsarchitekt, Blog, englisch)

Eat sleep draw: http://eatsleepdraw.com/ (kollaboratives Blog, englisch)

Emmi Smid: http://emmismid.nl/ (Zeichnerin, Portfolio-Website, englisch)

Joachim Baldauf: http://joachimbaldauf.tumblr.com/ (Fotograf, Blog, englisch)

Terry Richardson: http://www.terrysdiary.com/ (Fotograf, Blog, englisch)

Jamie Beck: http://fromme-toyou.tumblr.com/ (Fotografin, Blog, englisch)

Edward McGowan: http://plainjoephotoblog.com (Fotograf, Blog mit vielen Tutorials, englisch)

the dieline: http://www.thedieline.com/ (Blog, Verpackungsdesign, englisch)

apartment therapy: http://www.apartmenttherapy.com/ (Blog, Homedesign mit Tipps, englisch)

Deutsche Blogverzeichnisse:

Blogalm: http://blogalm.de/

Blogalog: http://www.blogalog.de/

Bloggeramt: http://www.bloggeramt.de/

Bloggerei: http://www.bloggerei.de/

Bloglinkz: http://www.bloglinks.biz/

Blogoscoop: http://www.blogoscoop.net/

BlogScene: http://www.blogscene.de/

Blogsoft: http://www.blogsoft.de/

Blogverzeichnis: http://www.blogverzeichnis.eu/

Blog Directory: http://blogeintrag.de/

Blog Webkatalog: http://blogwebkatalog.de/

Frisch gebloggt: http://frischgebloggt.de/

Metaroll: http://www.metaroll.de/

RSS-Nachrichten: http://www.rss-nachrichten.de/

RSS-Scout: http://www.rss-scout.de/

RSS-Verzeichnis: http://www.rss-verzeichnis.de/

Technorati: http://www.technorati.com/

TopBlogs: http://www.topblogs.de/

Blog-Plattformen

Blog.de: http://www.blog.de/

Blogg: http://www.blogg.de

Blogger: http://www.blogger.de/

Blogigo: http://www.blogigo.de/

Tumblr: http://www.tumblr.com

Twoday: http://www.twoday.net/

Wordpress: http://wordpress.com/

Feed-Reader:

Alnera FeedBuster: http://www.alnera.de/ (Windows, kostenpflichtig)

amphetaDesk: http://www.disobey.com/amphetadesk/ (Open Source, Mac + Windows, Freeware)

Awasu: http://www.awasu.com/ (Windows, kostenpflichtig)

Bloglines: http://www.bloglines.com/ (Online-Reader, gratis)

BottomFeeder: http://www.cincomsmalltalk.com/BottomFeeder/ (Open Source, Mac + Windows, Freeware)

FeedDemon: http://www.feeddemon.com/ (Windows, kostenpflichtig)

Firefox: http://www.mozilla-europe.org/ (Open Source, Browser mit integriertem Online-Reader und vielen Feed-Reader-Plugins, gratis)

freshnews: http://www.freshnews.de/ (Online-Reader, gratis)

Google Reader: http://www.google.de/reader/ (Mac + Windows, Freeware)

LiteFeeds: http://www.litefeeds.com/ (Online-Reader, gratis für private Anwender)

Newsbee: http://www.newsbee.de/ (Windows, Freeware für private Anwender)

Opera: http://www.opera.com (Browser mit integriertem Online-Reader, auch für Smartphones, gratis)

RSSOwl: http://www.rssowl.org/ (Open Source, Mac + Windows, Freeware)

RSSReader: http://www.rssreader.com/ (Windows, Freeware)

NetNewsWire: http://netnewswireapp.com/ (Mac, Freeware)

Shrook: http://www.utsire.com/shrook/ (Mac, Freeware)

7. Glossar

7. Glossar

Dieses Glossar soll mit leicht verständlichen Erklärungen von Fachbegriffen helfen, die Wirkungsweisen und Zusammenhänge des Social Webs zu verstehen. Es erhebt keinerlei Anspruch auf Vollständigkeit, Vereinfachungen sind beabsichtigt. Berücksichtigt werden in erster Linie die innerhalb des Handbuches verwendeten Begriffe. Sobald man sich selbst in ein Thema einarbeitet, wird man sicherlich auf weitere unbekannte Termini treffen. Erklärungshilfen findet man darüber hinaus im Internet – man kann einfach nach dem Begriff googeln oder im Online-Lexikon Wikipedia nachschlagen!

A

App

App steht für Application (Anwendung). Es gibt sie in einer Vielzahl für Smartphones, wie z. B. das iPhone und auch im Bereich Social Media. Zu den meistgenutzten Social Media-Apps gehören zum Beispiel die Social Networks (wie Facebook, My Space, VZ etc.), Blogs oder auch RSS-Feeds.

B

Blog (Weblog), Blogger, bloggen

Kunstwort aus World Wide Web und Logbuch. Ein Blog ist eine digitale, moderne Form des Tagebuchs als Website mit chronologisch aufeinander folgenden Einträgen – Text-, Bild- und/oder Audiobeiträgen. Er wird zur schnellen Verbreitung von Neuigkeiten und Berichten, vor allem aber von Kommentaren und Meinungen genutzt. Typischerweise gibt der Blogger seine ganz subjektiven Ansichten zu den unterschiedlichsten Themen wieder. Er bloggt zu tagesaktuellen Nachrichten aus Politik, Wirtschaft, Kultur, Wissenschaft genauso wie zu spezielleren Interessengebieten. Die Blogs mit großer Leserschaft werden in der Regel täglich aktualisiert. Blogs sind interaktiv, denn seine Leser können über die Kommentarfunktion zu den Blog-Beiträgen persönlich Stellung beziehen. Es gibt aber auch die Möglichkeit, Blogs ohne Kommentarfunktion zu veröffentlichen und somit Diskussionen auszuschließen. Neben Blogs, die überwiegend Texte veröffentlichen, gibt es auch Foto-, Video- und Audio-Blogs.

Blogosphäre, Blogspace, Blogoverse

Die Blogosphäre ist die Gesamtheit aller Blogs.

Blogroll

Die Blogroll listet meistens in der Sidebar (rechte Spalte) eines Blogs thematisch relevante oder verwandte Blogs auf. Die Auswahl der Einträge in der Blogroll basiert auf den persönlichen Empfehlungen des Bloggers.

C

Community, Online-community

Eine Community im Internet ist eine Gemeinschaft von Internet-Nutzern, die sich dort über gemeinsame Interessen austauschen. Online-Communitys gibt es in der Blogosphäre genauso wie in sozialen Netzwerken, Foren oder Chats.

Crowdsourcing

Crowdsourcing ist eine sprachliche Neubildung aus dem Englischen und zielt darauf ab, die so genannte Schwarmintelligenz der Masse (crowd) für die Lösung verschiedenster Probleme einzusetzen. Crowdsourcing funktioniert so, dass man Aufgaben an eine unbestimmte, informell zusammengesetzte, freie Gruppe überträgt. Der Einzelne in dieser Gruppe bringt sein Wissen ein, ohne dafür Geld zu erhalten. Die Themen sind vielfältig – sie reichen vom Verfassen von Artikeln bis zum wissenschaftlichen Forschen. Ein bekanntes Beispiel für Crowdsourcing ist Wikipedia, wo jeder an einem Artikel oder dessen Verbesserung mitarbeiten kann. Werden Fehler gemacht oder Artikel sabotiert, führt die Schwarmintelligenz des Crowdsourcing in der Regel zu einer schnellen Korrektur.

F

FAQ (Frequently Asked Questions)

Liste von häufig gestellten Fragen zu einem Thema mit den dazugehörigen Antworten.

Feed, News-Feed

Mit einem Feed (Fütterung, Einspeisung), meist in der Bedeutung von News-Feed benutzt, können Leser sich automatisch mit Neuigkeiten zu einem Thema versorgen lassen. Mit dem Feed können sie Inhalte eines Blogs oder einer anderen Website abonnieren.

Follower

Follower sind die Fans oder Freunde eines Twitterers. Follower wird man, indem man auf den Follow-Button bei Twitter klickt.

Hashtag

Ein Hashtag (hash = Raute) ist eine besondere Form des Schlagworts. Das Hashtag wird von einer Raute eingeleitet und mit einem Leerzeichen beendet: z. B. „#social-media". Hashtags werden vor allem bei Twitter eingesetzt. Mithilfe der Hashtags können die Nutzer alle Tweets zu einem bestimmten Thema finden.

H

HTML

Die Hypertext Markup Language (HTML) strukturiert Inhalte wie Texte, Bilder und Links auf Internetseiten. Mithilfe von HTML werden den einzelnen Elementen einer Website bestimmte Eigenschaften zugewiesen, z. B. einer Überschrift der Grad ⟨----h1----⟩, oder ein Textabschnitt wird als Absatz gekennzeichnet (⟨----p----⟩).

K

Keyword

Websites werden von den Suchmaschinen auch über die Keywords, also Schlüssel- oder Schlagworte, gefunden. Damit dies funktioniert, muss er die relevanten Keywords in einer bestimmten Häufigkeit enthalten. Die Keywords sollten möglichst nicht nur im sichtbaren Text, sondern auch in den Metatags (Hintergrundinformationen im Quellcode) einer Website enthalten sein, damit sie bei den Suchergebnissen möglichst weit oben gelistet wird.

Klickzahlen

Klickzahlen (auch Zugriffszahlen) auf das eigene Blog oder die eigene Website kann man in der Regel über den Webhoster erhalten. Einen sehr viel detaillierteren Blick erhält man z. B. über Google Analytics. Außerdem halten Facebook, Twitter und viele Blog-Portale eigene Analyse-Tools bereit, mithilfe derer man viel über die Besucher der eigenen Websites herausfinden kann.

M

Mashup

Ein Mashup (engl. to mash = vermischen) kombiniert bereits bestehende zu neuen Medieninhalten. In der Musik ist es der Remix, in der Kunst die Collage. Im Social Web werden Internet-Inhalte wie in einer Collage (neu) kombiniert. Dabei nutzen Mashups die offenen Programmierschnittstellen (API), die oft von Webanwendungen zur Verfügung gestellt werden. So kann man z. B. Landkarten und Satellitenbilder von Google Maps auf der eigenen Website einbinden oder Videos von Youtube ins Blog integrieren.

Mention

Wenn ich in meinem Tweet auf die brillanten Tweets eines anderen Twitterers hinweisen möchte (engl. to mention = erwähnen, hinweisen), schreibe ich ein @ plus Username ohne Leerzeichen: @username. Dieser Name wird mit dessen Tweets verlinkt und mit einem Klick lande ich auf seinem Twitter-Profil. Erwähne ich einen Twitterer gleich zu Beginn meines Textes, erscheint der Beitrag ausschließlich auf dessen Twitter-Seite. Dort kann der Beitrag aber von allen anderen auch gelesen werden.

P

Pageviews

Ein Pageview (auch Page Impression oder Seitenabruf) bezeichnet den Abruf einer Einzelseite innerhalb einer Website mit allen eingebundenen Elementen: Texten, Bildern, Videos etc. Die durchschnittliche Zahl an Seitenaufrufen pro Monat ist vor allem für jemanden interessant, der auf seiner Website Werbung schalten möchte.

Podcast

Ein Podcast ist eine Audio- oder Video-Datei mit unterschiedlichsten Inhalten, die man sich auf den eigenen Computer, das Smartphone oder einen MP3-Player lädt. Rundfunksender bieten einen Teil ihrer Sendungen als Podcast zum Herunterladen an. Oft kann man Podcasts sogar abonnieren. Im Social Web kann man z. B. bei den großen Blog-Portalen eigene Podcasts anbieten. Das Kunstwort Podcast ist analog zu „Broadcast" (engl. für Rundfunk) zu verstehen. Das „pod" bezieht sich auf den iPod von Apple.

R

Re-Blog, Reblog, rebloggen

Ein Re-Blog ist ein Blog-Beitrag, der von einem Blog in ein anderes kopiert wird, um es einem größeren Publikum zugänglich zu machen.

Re-Tweet, Retweet, retweeten

Ein Re-Tweet ist ein Twitter-Beitrag, der von einem Twitter-Account in einen anderen kopiert wird, um ihn einem größeren Publikum zugänglich zu machen.

RSS

Mithilfe von RSS-Feeds oder auch News-Feeds kann man sich automatisch mit Neuigkeiten auf vielen Websites, darunter nahezu alle Blogs, versorgen lassen. Hat man die Inhalte einer bestimmten Website über einen Klick auf den RSS-Button abonniert, bekommt man Neuigkeiten entweder als dynamisches Lesezeichen im Browser oder in den Feed-Reader zugestellt. Dort findet man meistens einen kleinen Anreißer inklusive Link vor. Folgt man dem Link, landet man beim ausführlichen Artikel auf der Website des Anbieters.

S

Share, Sharing (englisch für teilen)

In sozialen Netzwerken ist das Sharing von zentraler Bedeutung: Freunde und andere Nutzer werden auf interessante Inhalte, auch die eigenen Beiträge, aufmerksam gemacht.

Social Bookmarking

Mit Social Bookmarking ist der Austausch über diverse Internetseiten durch Nutzer einer Community gemeint. Z. B. bei Delicious (www.delicious.com) oder bei Mister Wong (www.mister-wong.de) stellen Nutzer ihre persönliche, öffentliche Linkliste von Websites zusammen. Diese Social Bookmarks werden in der Community diskutiert und bewertet.

Social Media

Social Media (deutsch: soziale Medien) ist der Oberbegriff für Internet-Plattformen und Internet-Anwendungen, mit deren Hilfe Nutzer Meinungen, Eindrücke, Erfahrungen, Informationen und Wissen austauschen und sammeln: z. B. Foren, Blogs, Microblogs, soziale Netzwerke, Wikis, Social Bookmarking und Videoportale. Social Media lebt vom User Generated Content (UGC) und ermöglicht die Interaktion aller Beteiligten.

Social Network

Das Social Network im Internet ermöglicht die Vernetzung von Freunden oder Menschen mit ähnlich gelagerten, auch beruflichen, Interessen. Auf inzwischen vielen Plattformen, z. B. Facebook, VZ, My Space oder XING, haben die Nutzer die Möglichkeit, sich privat und/oder beruflich darzustellen, ein persönliches Profil von sich zu veröffentlichen und mit ihren Freunden in Kontakt zu sein. Dieses Profil kann je nach Wunsch so eingestellt sein, dass es öffentlich oder nur von wenigen einsehbar ist. In den Social Networks wird unter anderem gechattet, gemailt, man kann sich die Fotos seiner Freunde angucken oder sie zu Veranstaltungen einladen.

Social Software

Mit Social Software sind alle Programme und Plattformen gemeint, die User im Internet dazu befähigen, miteinander zu kommunizieren, zu interagieren und zusammenzuarbeiten – z. B. bei Facebook, Twitter oder Blogger-Plattformen wie www.wordpress.com. Social Software ist meistens gratis und wird nicht auf dem eigenen Computer installiert, sondern bleibt auf dem Server des jeweiligen Anbieters.

T

Tags, Tagging

Tagging bedeutet Verschlagwortung, das einzelne Schlagwort heißt Tag. Auf Internetseiten werden diese Tags manch-

mal in sogenannten Tag Clouds (Schlagwortwolken) dargestellt. Je nach Häufigkeit des einzelnen Schlagwortes erscheinen die Tags dort unterschiedlich groß.

Tag Cloud

Wörtlich: Schlagwortwolke. Siehe Tag, Tagging.

Twitter, Tweets, tweet

(engl. to tweet = zwitschern)
Twitter ist eine 2006 gestartete Microblogging-Plattform. Mit Twitter lassen sich Kurznachrichten (Tweets) bis zu 140 Zeichen über das Internet verbreiten. Lesen können diese Nachrichten alle, die dem jeweiligen Autor folgen, die sogenannten „Follower". Kommentare zu den geposteten Inhalten sind möglich. Eine Nachricht, die von anderen übernommen und erneut gepostet wird, um beispielsweise eine Eilmeldung schnell zu verbreiten, heißt Re-Tweet.

Tumblelog

Ein Tumblelog ist ein Blog, in dem kurze Texte, Links, Bilder, Kurzvideos und Zitate – scheinbar wahllos und chaotisch – veröffentlicht werden.

U

Usability

Websites haben eine gute Usability, d. h. sie sind benutzerfreundlich, wenn die Nutzer alle Inhalte schnell und ohne weitere Erklärung finden.

User Generated Content

User Generated Content sind Inhalte einer Community oder andere Websites, die von den Nutzern (User) selbst bereitgestellt (generiert) werden. Dazu zählen neben Texten auch Fotos oder Videos, die anderen Interessierten in der Regel gratis zur Verfügung gestellt werden.

V

Virales Marketing, Virals

Virales Marketing versucht, über die Social Networks im Internet positive Mundpropaganda für ein Produkt auszulösen. Sogenannte Virals, oft ein extra produziertes, unterhaltsames Video, sollen sich wie ein Virus epidemisch ausbreiten.

W

Web 2.0

Web 2.0 ist der zunehmend unscharfe Oberbegriff für einen veränderten Umgang mit dem Internet hin zu Interaktion und Kooperation seit ca. 2005. Web 2.0 steht für die immer stärkere Beteiligung der Nutzer an der Gestaltung der Inhalte – Stichwort: User Generated Content – sowie für Zusammenarbeit und Teilen, von der gemeinsam betriebenen Forschung (Crowdsourcing) über diverse Wikis bis zum Video bei Youtube.

Weblog

siehe Blog

Widgets

Ein Widget oder besser Web Widget ist ein kleines Programm, dass auf vielen Websites und auch dem eigenen Blog eingesetzt werden kann. Hinter den kleinen Grafiken, z. B. der „Gefällt mir"-Button von Facebook, die mittlerweile auf fast jeder Internetseite zu finden sind, verbergen sich Widgets. Genauso wie hinter dem RSS-Button auf fast allen Blogs. Web Widgets können über „Programmschnipsel" ganz einfach in fast jede Website integriert werden. Programmierkenntnisse sind dafür nicht nötig.

Wiki

Ein Wiki ist eine erklärende Website, auf der man sich möglichst umfassend zu einem oder vielen Themen (Wikipedia) informieren kann. Das Wiki ist oft ein Lexikon, kann aber auch eine Bedienungsanleitung sein. Entscheidend ist, dass es gemeinsam von mehreren Autoren geschrieben wird. Bei öffentlich zugänglichen Wikis kann grundsätzlich jeder sein Wissen einbringen, Artikel ergänzen oder berichtigen.

Kunst im Internet erfolgreich präsentieren und vermarkten
Ein Leitfaden für Künstler, Galeristen und Kunstvermittler

Das Internet gewinnt für die Präsentation und den Verkauf von Kunstwerken zunehmend an Bedeutung. Damit man im endlosen WWW auch gefunden wird, bedarf es Strategie und Praxiswissen. Leicht verständlich und umfassend gibt das Buch Tipps und zeigt Künstlern, Galeristen und Kunstvermittlern Schritt für Schritt den Weg zur professionellen Präsentation im Netz. Inklusive: ▶ Interviews ▶ Checklisten ▶ Links ▶ To do-Leitfaden

ISBN 978-3-9808298-6-1   **24,80 Euro** (zzgl. Versand)

Kunstausstellungen organisieren
Der große Leitfaden von A-Z

Ausstellungen sind für die Bildende Kunst eines der wichtigsten Instrumente um Publikum, Käufer, Förderer und Medien zu erreichen. Dafür brauchen Künstler und Kulturschaffende Entscheidungshilfen sowie Tipps für die Ausstellungsorganisation von der Idee bis zum Abschluss. Für ein klares Ausstellungskonzept, gute Organisation und Fachwissen ist das Buch ein hilfreicher Leitfaden, der vom ersten Planungsschritt zum Erfolg führt. Inklusive: ▶ Checkliste und Zeitplaner zum Herausnehmen ▶ Lexikon von A – Z

ISBN 978-3-9808298-5-4   **24,80 Euro** (zzgl. Versand)

Künstlerförderung, Kunstpreise und Stipendien
Ein Leitfaden durch die deutsche Förderung Bildender Künstler

Kunstpreise und Stipendien sind wichtige Formen der Künstlerförderung. Doch bei der Vielzahl des Angebots können bildende Künstler leicht den Überblick verlieren. Ist dann endlich die passende Ausschreibung gefunden, stellt sich die Frage nach der richtigen Bewerbungsform. Inklusive: ▶ Portraits von über 130 Kunstpreisen & Stipendien ▶ Bewerbungsleitfäden ▶ Kontaktadressen ▶ Verzeichnis europäischer Förderprogramme

ISBN 978-3-9808298-7-8   **19,80 Euro** (zzgl. Versand)

Wie Künstler erfolgreich ihre Rechte verteidigen
Die wichtigsten Praxistipps zu Urheber-, Vertrags- und Steuerrecht

Aber wie? Bildende Künstler genießen in Deutschland viele Privilegien, die im Gesetz verankert sind, doch nur wenige kennen die Regeln, die ihnen Vorteile und zusätzliche Einkünfte bringen. In diesem Buch wird anhand von 90 Fallbeispielen und Lösungen der Weg durch das juristische Dickicht aufgezeigt. Praxisnah mit CD-ROM und inklusive Musterverträgen zu den wichtigsten Themen rund um den Künstlerberuf:
▶ Lizenzvertrag ▶ Kaufvertrag ▶ Ausstellungsvertrag ▶ Lichtbildvertrag

ISBN 978-3-9808298-2-3   **24,80 Euro** (zzgl. Versand)

Zu beziehen über den GKS-Fachverlag www.gks-kunstsponsoring.de